매일 아침, 벌써 3개월째 집중력 카드를 사용하고 있습니다. 덕분에 우선순위를 명확히 세우게 되었고 두뇌 회전도 빨라졌어요. 결과적으로 짧은 시간 동안 많은 일을 처리할 수 있게 됐습니다.

_기노시타 히데오(40대, 경영자)

오랫동안 토익 시험을 봤지만 점수가 오르지 않아서 고민이었어요. 그런데 공부를 할 때마다 집중력 카드를 이용해서 집중력을 높이고 편안한 마음 상태를 유지하기 위해 애썼더니 드디어 900점을 넘어섰습니다.

_하마모토 교코(20대, 회사원)

쓸데없는 힘을 빼고 마음을 비운 후 한 점 집중법을 실행했습니다. 그랬더니 오랜 시간 업무를 해도 딴생각이 들지 않고 한 가지 일에 몰두할 수 있었습니다.

_다카사카 노보루(30대, 회사원)

초등학생과 중학생을 대상으로 집중력 세미나를 하고 있어요. 고등학교 입시를 앞두고 있던 한 학생은 세미나를 들은 후 학교에서 시험을 보기 전에 반드시 집중력 카드를 사용한다고 합니다. 시험 전에 1, 2분 정도만 사용해도 집중력이 향상되어 높은 점수를 받았다고 하네요.

_미즈타니 가오루코(50대, 강사)

경영 컨설턴트를 목표로 매일 저녁 공부하고 있는데 집중도 잘 안 되고, 집중을 하더라도 그 상태가 오래 유지되지 않아서 불안했어요. 하지만 집중력 카드를 사용한 뒤로는 이전보다 훨씬 더 몰입해서 공부할 수 있게 되었습니다.

_고지마 교헤이(30대, 회사 임원)

기획 업무는 집중력과 발상력, 창의력을 필요로 합니다. 그래서 일을 시작하기 전에 반드시 심호흡법, 마이너스×마이너스=플러스법, 집중력 카드법을 실행합니다. 그렇게 하니 업무를 마치는데 드는 시간이 절반 정도로 줄어들었습니다.

_우에마에 다쿠야(40대, 강사 겸 자기계발 코치)

피아노 레슨을 시작하기 전에 공 쌓기를 해요. 그러면 집중력이 높아져서 레슨을 하는 30분 동안 깊이 있는 수업이 이루어지는 것은 물론이고, 손끝의 감각이 살아 있는 상태로 레슨을 할 수 있어요. 집중력 훈련을 한 이후로 제가 가르치는 학생들도 콩쿠르에 입상할 정도로 성장했습니다.

_마쓰모토 미와(50대, 피아노 강사)

초등학교 2학년 학생들에게 글씨 쓰기를 가르치고 있습니다. 사실 수업 중에 집중하지 못하는 아이들이 많았는데 집중하기 쉬운 앉기 자세를 실천한 뒤 아이들의 태도가 몰라보게 달라졌어요. 수업 시간에 집중을 잘하는 것은 물론 글씨도 깔끔하게 쓰게 되었습니다.

_마쓰시타 고이치(50대, 초등학교 교감)

제 수업을 듣는 한 학생은 100칸 계산(가로 10칸, 세로 10칸에 숫자를 배열한 뒤 교차점에서 사칙연산으로 계산하는 방식—옮긴이) 기록 보유자예요. 그 아이는 이 책에 소개된 집중력 기술을 이용해 긴장을 풀고 시합에 임했더니 놀라운 기록을 얻을 수 있었다고 합니다.

_나카오 아쓰시토모(50대, 학원 원장)

아침에 출근해서 업무를 시작하기 전, 그리고 일하다가 피곤해졌을 때 심호흡법과 한 점 집중법을 실행합니다. 그렇게 중간중간 집중력을 관리하니 업무의 효율이 올라가서 야근하는 일이 많이 줄어들었습니다.

_아베 요타로(30대, 회사원)

직업상 입시 문제를 풀 일이 많은데, 문제를 풀기 전에 반드시 집중력 카드를 사용하고 있습니다. 머리가 매우 맑아져서 문제를 잘 이해하고 단시간에 풀 수 있습니다.

_다키가미 히로키(40대, 교육업체 운영)

강사 일을 하면서 연수 직전이나 중요한 면담을 앞두고 마이너스 ×마이너스=플러스법과 집중력 카드법을 실행하고 있습니다. 이전만큼 긴장하는 일이 줄어들고 원하던 결과를 얻는 일이 매우 많아졌어요.

_오미나미 가즈히로(40대, 강사)

기적의 집중력

机に向かってすぐに集中する技術

森健次朗 著

フォレスト出版株式会社 刊

2016

TSUKUE NI MUKATTE SUGU NI SHUCHU SURU GIJYUTSU

by Kenjiro Mori

First published by FOREST Publishing, Co., Ltd., Tokyo, Japan.

평범한 사람도
집중력의 신으로 만드는
하루 16초 집중력 훈련

기적의 집중력

모 리 겐 지 로 지음 ㅣ 정 지 영 옮김

비즈니스북스

기적의 집중력

1판 1쇄 발행 2017년 2월 28일
1판 6쇄 발행 2021년 3월 19일

지은이 | 모리 겐지로
옮긴이 | 정지영
발행인 | 홍영태
발행처 | (주)비즈니스북스
등 록 | 제2000-000225호(2000년 2월 28일)
주 소 | 03991 서울시 마포구 월드컵북로6길 3 이노베이스빌딩 7층
전 화 | (02)338-9449
팩 스 | (02)338-6543
대표메일 | bb@businessbooks.co.kr
홈페이지 | http://www.businessbooks.co.kr
블로그 | http://blog.naver.com/biz_books
페이스북 | thebizbooks
 ISBN 979-11-86805-55-8   03190

비즈니스북스는 독자 여러분의 소중한 아이디어와 원고 투고를 기다리고 있습니다.
원고가 있으신 분은 ms1@businessbooks.co.kr로 간단한 개요와 취지, 연락처 등을 보내 주세요.

프롤로그

◇

집중의 기술이 인생을 바꾼다

　대체 어떤 사람이 공부를 잘할까? 또 어떤 사람이 일을 잘하는 것일까? 우리는 능력이 뛰어나거나 노력을 많이 하는 사람이 좋은 성과를 얻는다고 흔히들 생각한다. 물론 틀린 말은 아니지만 나는 이 말이 절반 정도만 맞다고 생각한다. 능력이 뛰어난 모든 사람들, 노력을 많이 하는 모든 사람들이 좋은 성과를 얻지는 못하기 때문이다. 뛰어난 성과를 보이는 사람들을 잘 살펴보면 뭔가 특이한 점을 하나 발견할 수 있다. 그것은 바로 무언가에 몰입, 몰두하는 모습이다. 즉, 자신이 하는 일을 그냥 하는 것이 아니라 '집중'해서 한다. 같은 시간 동안 공부하는데 그 양과 깊이에서 차이가 나는 까닭은 바로 '집중도' 때문이다.

공부나 업무의 질과 결과는 시작할 때 얼마나 전력 질주를 잘하느냐에 따라 크게 달라진다. 즉, 일을 시작함과 동시에 즉시, 곧바로, 잘 집중할 수 있느냐 없느냐에 따라 그 결과가 달라진다는 것이다. 여러분도 일단 한번 집중하게 되면 이후로는 그 상태를 유지하기가 쉽다는 점을 경험을 통해 잘 알고 있을 것이다.

나는 10년간 총 15만 명의 사람들에게 집중력을 높이는 방법을 전문적으로 가르쳐 왔다. 그 대상은 초등학생이나 중·고등학생부터 공무원이나 변호사 등을 준비하는 수험생, 직장인, 경영자, 운동선수, 예술가에 이르기까지 폭넓고 다양했다. 그렇게 연구하고 가르친 경험을 한 권의 책으로 정리하여 여러분들에게 전달하고자 한다.

예전에 나는 스포츠용품 브랜드로 유명한 미즈노Mizuno 주식회사에서 근무했다. 당시 내가 맡은 일은 수영선수나 육상 선수들의 경기복을 개발하는 일이었다. 나는 뛰어난 운동선수들을 많이 만나 보았고 그들에 대해 연구도 많이 했다. 그 결과 시드니 올림픽에서 주목받은 일명 '상어 피부 수영복'을 개발할 수 있었다. 그 과정에서 최고의 운동선수들이 어떻게 고도의 집중력을 발휘하는지를 보고 배웠다. 그 구체적인 방법과 노하우를 이 책에서 소개하려고 한다.

집중력을 자유자재로 발휘하는 기술

귀찮고, 주의가 산만하고, 쉽게 의욕이 생기지 않는다는 이유로 우리는 책상 앞에 앉아서도 본래 자신이 지닌 집중력을 100퍼센트 발휘하지 못한다. 이럴 경우 많은 사람들이 의욕을 높이거나 강한 동기를 부여하는 등 마음 단련이 필요하다고 생각한다. 하지만 그것은 적절한 방법이 아니다. 그렇게 마음을 단련하기 위해서는 자제력도 많이 필요하고 시간 또한 오래 걸린다.

마음을 굳세게 단련하기보다는 집중력을 발휘하는 기술을 터득하고 잘 사용하는 것이야말로 곧바로 집중하는 요령이다. 이 책에서는 집중력을 자유자재로 발휘하는 기술을 이야기할 것이다. 앞으로 소개할 나의 노하우는 초등학생이라도 쉽게 따라할 수 있는 방법이다. 누구나 손쉽게 할 수 있는 것이 아니라면 노하우의 의미가 없기 때문이다.

어린 시절 놀이에 몰두했던 기억을 한번 떠올려 보자. 부모님이 불러도, 배가 고파도, 지금 하고 있는 놀이가 무척이나 재밌어서 몰두했던 순간이 있을 것이다. 누가 알려 준 것도 아니었는데 그때는 그렇게 눈앞의 일에 몰두했다. 우리 안에는 그렇게 뛰어난 집중의 기술이 숨어 있다. 다만 자유자재로 꺼내 쓸 수 없을 뿐이다.

자기 안에 있는 집중력을 이끌어 내는 요령만 알면 누구나 필요한 순간에 곧바로 집중 상태에 들어갈 수 있다.

보기만 해도 집중력이 높아지는 카드 첨부

집중력은 한순간에, 한 지점에, 모든 에너지를 모으는 능력이다. 이 책에서 나는 그 구체적인 내용과 방법에 대해 총 4장에 걸쳐 설명하려고 한다.

제1장에서는 사람들이 곧바로 집중하지 못하는 까닭에 대해 설명한다. 집중력을 발휘하는 데 방해가 되는 것이 무엇인지 알면 집중 상태에 들어가는 요령을 터득할 수 있다.

제2장에서는 집중력을 높이기 위한 방법에 관해 설명한다. 집중력을 이끌어 내려면 반드시 몸과 마음이 안정적인 상태가 되어야 한다. 그래야 집중력을 높이기가 훨씬 쉬워진다.

제3장에서는 책상 앞에 앉아 곧바로 집중할 수 있는 기술을 소개한다. 바로 이 책의 핵심 노하우를 소개하는 부분이므로 반드시 제대로 읽고 이해해야 한다. 이 기술을 터득하면 높은 집중 상태에 들어가서 막힘없이 업무나 공부를 시작할 수 있을 것이다.

제4장에서는 지속적으로 집중하는 비결에 대해 설명한다.

일상생활에서도 쉽게 할 수 있는 간단한 습관으로 자신의 집중력 수준을 끌어올릴 수 있다.

또한 내가 독자적으로 개발한, **보기만 해도 집중력이 높아지는 카드**도 부록으로 첨부해 두었다. 사용법은 제3장에 쓰여 있으니 꼭 실천해 보기 바란다.

집중의 기술이란 주어진 과제에 최대한 몰입하는 것이다. 스포츠 세계에서는 종종 무서울 정도로 경기에 몰입하여 극한의 집중 상태를 만들어 내는 선수들이 있다. 야구선수가 최대한도로 경기에 몰입했다면 타석에 섰을 때 공이 멈춰 보이는 현상이 일어난다. 양궁 선수가 최대한도로 몰입했다면 활시위를 당길 때 주변의 무수한 소음들이 들리지 않고 오직 활이 날아가는 소리만 들린다.

이런 상황은 업무나 공부를 할 때도 실감할 수 있다. 주위가 아무리 시끄러워도 집중해서 문제를 풀고 있는 학생, 또는 옆에서 크게 불렀는데도 자기 업무에 몰두하느라 알아듣지 못하는 동료, 우리가 종종 볼 수 있는 모습이다. 이렇게 어떤 일을 할 때 집중력을 극한까지 끌어올리면 사고와 행동의 질이 비약적으로 높아진다.

지금 우리가 사는 이 시대는 정보가 너무 많이 넘쳐난다. 정보 과잉의 시대이기 때문에 주의력 결핍 현상이 이전보다 더 많이 나타날 수밖에 없다. 봐야 할 것도 많고 해야 할 것도 너무 많은 요즘, 기적의 집중력을 통해 원하는 것을 빨리, 잘 끝마칠 수 있다면 그 사람은 경쟁력 있는 사람이 될 것이다.

원하는 것을 이루고 싶다면 반드시 집중하는 시간이 필요하다. 이 책을 통해 많은 사람들이 궁극의 집중력을 기르는 방법을 체득하길 바란다.

제1장

우리가 집중하지 못하는 까닭

책상 앞에 앉아 곧바로 집중하는 기술

─ 제4장 ─

집중의 시간을 늘려라

우리가 집중하지 못하는 까닭

왜 타고난 집중력을
발휘하지 못할까?

'집중력은 강인한 정신에 달려 있다. 집중을 못 하는 이유는 마음이 약하기 때문이다.'

흔히 이렇게 생각하는 사람들이 많다. 하지만 마음이 약한 사람은 정말 집중을 잘하지 못할까? 마음만 강하게 단련하면 책상 앞에서 곧바로 업무나 공부에 집중할 수 있을까?

우리들의 어린 시절을 한번 떠올려 보자. 부모님께 "그만해라!"라는 말을 듣고도 게임에서 손을 떼지 못했던 적이 있지 않은가? 야구나 축구 연습, 인형놀이 등 자신이 좋아하는 것을 할 때는 시간을 잊고 몰두했을 것이다. 저녁 다섯 시까지 집으로 돌아오기로 부모님과 약속했지만 밖에서 노는 데 열중하다가 약속을 지키지 못한 적도 분명 있을 것이다.

이렇게 무언가에 열중해 본 경험은 누구에게나 있다. 하지만 우리는 그때 우리의 마음이 강해서 집중력을 발휘했다고 말하지 않는다. 굳센 마음 덕분에 어린 시절 무언가에 열중할 수 있었다고 생각하는 사람은 없다. 그저 자신이 좋아하는 것을 했기 때문에 자연스럽게 집중했던 것이다. 대체 이런 집중은 어떻게 가능해지는 것일까?

"전 책상 앞에만 앉으면 딴생각이 나요."
"전 원래 산만한 사람이에요."
"왜 이렇게 집중하는 게 힘든지 모르겠어요."

집중력 이야기를 하면 자신은 원래 좀 산만한 편이고 잘 집중하지 못한다고 말하는 사람이 많다. 그러나 가만히 어린 시절을 생각해 보면 우리는 다들 무언가에 몰입했던 경험을 가지고 있다. 또 정말 관심이 있거나 하고 싶었던 것을 만나면 시간이 어떻게 가는지 모르고 그 일에 몰두하곤 한다.

그것은 바로 우리 안의 어딘가에 집중력이 있다는 뜻이다. 즉 집중력은 누군가는 태어날 때부터 많이 가지고 있고 누군가에게는 아예 부족한 그런 것이 아니다. 집중력은 천성적으로 누구라도 가지고 있는 것이며, 그것은 마음이 강하다거나 약한 것과 그다지 관계가 없다.

그런데도 세상의 많은 사람들이 마음이 강해야 집중력이 높다고 오해한다. 그리고 무언가에 집중하지 못하고 주의가 산만해지면 '나는 의지가 약한가?'라며 자신의 나약한 마음을 한탄한다. 개중에는 '나는 정말 한심한 인간이구나' 하고 자기혐오에 빠지는 사람까지 있다.

하지만 좀 전에도 이야기했듯이 마음이 강하다거나 약하다거나 하는 것은 집중력과 별로 관계가 없다. 집중력은 본래 남녀노소 누구나 지니고 있는 것이며 문제는 그것을 어떻게 끌어내느냐 하는 것이다. 제대로 이끌어 내는 방법만 알고 있으면 누구든지 책상 앞에서 곧바로 깊은 집중 상태에 들어갈 수 있다.

그런데 가만히 생각해 보면 우리가 "집중해라!"라는 이야기를 들은 적은 많아도 어떻게 하면 집중을 잘할 수 있는지에 대해 배운 적은 없다는 사실을 알 수 있을 것이다.

집중력에 대해 부모님에게 배운 적이 있는가? 학교 선생님이나 직장 상사도 집중하는 방법은 가르쳐 주지 않는다. 아무도 가르쳐 주지 않았으므로 우리가 집중을 잘하지 못하는 것은 오히려 당연한 일이라고 할 수 있다. 그러니 무언가에 잘 집중하지 못한다고 해도 '나는 한심한 인간이야'라는 식으로 침울해할 필요가 전혀 없다.

그렇다면 어떻게 해야 자신이 본래 지니고 있는 집중력을 순간적으로 이끌어 내서 몰입도를 높일 수 있을까? 자신이 좋아하는 일이나 노는 데 발휘했던 집중력을 업무나 공부하는 데 살릴 방법이 있을까? 앞으로 차근차근 그 구체적인 내용들을 살펴보도록 하자.

10년간 15만 명이 배운 기적의 집중력

나는 대학원을 졸업한 후 미즈노 주식회사에 입사했다. 나의 주 업무는 수영이나 육상 경기 등에서 사용하는 운동복을 연구하고 개발하는 일이었다. 그중에서도 내가 개발을 담당했던 일명 '상어 피부 수영복'은 2000년 시드니 올림픽에서 열두 개의 세계 신기록을 달성하는 데 기여하여 큰 주목을 받았다.

운동복 연구를 위해서 나는 그간 수많은 운동선수들을 만났다. 수영선수, 육상선수, 야구선수, 축구선수…… 각종 스포츠 종목의 선수들을 인터뷰하고 그들이 사용하는 용품들을 조사하고 연구했다. 자연스럽게 선수들이 각자 자신들의 경기력 향상을 위해 꾸준히 관리하고 개발하는 습관이나 노하우에 관심을 가지게 되었다.

그들과 다양한 이야기를 나누면서 나는 운동선수에게 집중력이 매우 중요한 사안임을 알게 되었다. 사실 그들이 1년 365일 하루도 빼놓지 않고 연습하고 훈련한 것들이 눈에 보이는 결과로 드러나는 것은 불과 몇 분 혹은 몇 초에 달려 있다. 그러므로 운동선수에게 어떤 순간은 때로 몇 달 혹은 몇 년을 압축한 순간이기도 하다.

나는 세계 최고의 선수들일수록 순간적인 집중의 강도와 그것의 지속 시간이 엄청나다는 사실을 알게 되었다. 그들은 연습을 하면서 계속 집중력 훈련을 하고 있었다. 언제 어디서든, 어떤 상황에서도 흔들리지 않고 경기에 집중할 수 있는 방법을 배우고 있었던 것이다.

미즈노에서 개발자로 일할 때에는 그들에게서 보고 느낀 집중의 노하우를 그저 흥미롭게만 생각했으나 이후 회사를 그만두고 교육업체를 경영하면서 집중의 중요성을 환기할 기회가 생겼다. 공부에 집중하지 못하는 아이들을 보니 어떻게든 방법을 찾아 도와주고 싶었던 것이다. 그래서 생각해 낸 것이 내가 만났던 세계 최고 선수들의 집중 노하우를 공유하는 것이었다. 좋은 성적을 내지 못하는 아이들에게 공부를 가르치기에 앞서 집중력 수업을 했다. 이 수업이 생각 외로 큰 반향을 일으켰다.

사실 집중력 수업은 일반인에게도 필요한 것이었다. 그 후 나는 10년 동안 매년 약 15,000명의 사람들에게 집중력을 가르쳐 왔다. 지금까지 총 15만 명이 넘는 사람들에게 집중의 기술을 지도해 온 셈이다. 많은 사람들을 가르치면서 나는 집중하는 기술의 효과를 검증할 수 있었고, 집중력은 충분히 학습과 개발이 가능하다는 것을 확신하게 되었다.

지금보다
조금 더 나은 목표를 향해

집중력의 힘은 현재에만 발휘되는 것이 아니다. 집중하는 기술을 익히면 눈앞의 과제에 집중하는 데서 그치지 않고 거기서 좀 더 나아지고 싶다는 생각까지 든다.

높은 몰입력으로 주어진 과제를 마치게 되면 누구나 커다란 만족감을 느끼게 된다. 그리고 곧이어 조금 더 심도가 깊다거나 난이도가 높은 새로운 과제에 대한 도전 의식이 생긴다. 즉, 집중의 결과로 얻은 만족스러운 성과는 또 다른 과제를 향한 의욕을 불러일으키는 것이다.

말하자면 집중의 기술은 주어진 일을 훌륭하고 신속하게 마치게 할 뿐만 아니라 새롭고 더 나은 것에 도전하게 하는 역할까지 하는 것이다. 그런 측면에서 집중의 기술이란 긍정적인 상승 효과를 불러일으키는 기술이라고 바꿔 말해도 된다.

　스포츠 세계에서도 종종 경기에 최대한 몰입하여 극한의 집중 상태에 들어가는 선수들이 있다. 예를 들면 탁구에서 서브 리시브를 받을 때 초집중 상태로 공을 응시하면 빠른 속도로 날아오고 있는 공이 멈춰 보이는 현상이 일어난다고 한다. 이렇게 집중력을 극한까지 높이면 **자신이 지닌 실력 이상의 가능성이 열리기도 한다.**

　이것은 비단 스포츠 세계에서만 일어나는 일이 아니다. 업무나 학습에서도 고도의 집중은 새로운 발전과 가능성의 길을 열어 준다. 집중하게 되면 기억력과 사고력이 향상되고 두뇌 활동이 활발해진다. 업무나 학습의 속도가 몰라 보게 향상될 뿐만 아니라 새로운 아이디어도 떠오를 수 있다. 이렇게 집중력은 현재보다 한 걸음 더 나아간 자신으로 변신하는 무기가 된다.

실행하는 일은
누구에게나 어렵다

'아, 오늘 따라 집중이 잘 안 되네.'

업무나 공부를 시작하기는 했는데 쉽게 능률이 오르지 않는 경우가 허다하다. 실은 누구나, 언제나 겪는 일이다.

어린 시절을 잠시 떠올려 보자. 숙제를 해야 하는 줄은 아는데 막상 하기는 싫다. 그래서 다 내팽개치고 신나게 놀다가 결국 부모님께 "숙제부터 하고 놀라고 그랬지? 대체 공부는 언제 시작할 거니?" 등의 꾸중을 들은 적이 있었을 것이다.

왜 그랬을까? 내가 그렇게 말썽꾸러기였나? 아니다. 숙제를 해야 한다는 것을 머리로만 알았기 때문이다. 행동으로 옮기는 것은 너무 어렵기 때문이다.

여름방학 숙제를 생각해 보자. 여름방학이 시작되면 맨 처음에는 계획적으로 숙제를 해야겠다 마음먹는다. 그리고 차례차례 계획표를 짠다. 하지만 지키지 못하는 경우가 태반이다. 책상에 앉아도 숙제에 집중하지 못하고 딴생각을 한다. '여름방학이 아직 한 달이나 남았으니까 굳이 지금 당장 하지 않아도 돼'라고 생각하고 하루하루 숙제를 뒤로 미룬다. 그렇게 그럭저럭 지내는 사이에 방학은 거의 끝나 간다.

그제야 발등에 불 떨어졌다는 생각을 한다. '큰일이다! 이대로라면 숙제를 다 마치지 못할 텐데'라는 마음에 남은 일주일의 방학 기간 동안 필사적으로 숙제를 해치운다. 혹은 부모님의 도움을 받으면서 울며불며 숙제를 끝내기도 한다.

숙제를 마치면 또 누구나 이렇게 생각한다. '일주일 만에 끝날 숙제였으면 좀 더 빨리 집중해서 미리 해둘 걸 그랬어.'

머리로는 다 알고 있지만 막상 몸으로는 되지 않는 것, 누구에게나 있는 흔한 일이다.

귀찮고 하기 싫을 때는
어떻게 하나?

업무를 생각해 보자. 연말이라 사업계획서를 써야 한다. 책상 앞에 앉아 계획서를 쓰려고 하는데 집중이 잘 안 된다. 잠깐만 쉬었다 시작하자고 생각한다. 차 한 잔 마시러 휴게실로 향한다. 거기서 커피를 마시며 동료와 잡담을 하다가 문득 정신을 차려 보니 어느새 30분이 훌쩍 지나가 있다.

사업계획서의 초안을 잡는 일은 작정하면 30분이면 되는 것인데 결국 질질 끌다가 세 시간이나 걸리고 말았다. 이것 역시 누구나 경험하는 일이다.

우리는 어째서 눈앞의 일에 집중하지 못할까? 지금 당장 해야 한다는 사실을 머릿속으로는 알고 있지만 잠깐 쉬고 싶어지는 까닭은 무엇일까? 그것은 아마도 **귀찮은 기분과 하기 싫다는 생각이 업무에 집중하지 못하도록 방해하기 때문일 것이다.**

일을 하다가 나도 모르게 커피가 생각날 때의 느낌을 떠올려 보자. 이때 마음속으로 '커피가 마시고 싶어서 견딜 수 없어'라고 느끼는 사람은 거의 없을 것이다. 아마도 많은 경우 '눈앞에 놓인 일이 하기 귀찮아', '내게 주어진 일에서 도망치고 싶어'라고 느꼈기에 커피로 손이 갔을 것이다. 그러니 결국 업무에 집중하려면 귀찮거나 하기 싫다고 느끼는 기분을 마음속에서 몰아낼 필요가 있다.

그렇다면 어떻게 해야 눈앞의 과제에서 도망치고 싶은 기분을 이겨 낼 수 있을까? 책상에 앉자마자 내 앞에 주어진 업무나 공부에 곧바로 집중할 수 있는 방법이 있을까?

마음 단련까지는
필요 없다

귀찮고 하기 싫다는 생각이 들 때 대부분의 사람들은 정신력이 강하면 그런 생각을 이겨 낼 수 있을 것이라고 생각한다. 눈앞의 과제에서 도망치고 싶은 것은 마음이 약한 탓이라고 여기기 때문이다. 마음을 다잡으면 그런 욕망에 현혹되지 않고 업무나 공부에 집중할 수 있다고 믿는다.

분명 집중력과 강인한 정신이 아무런 관계가 없다고는 할 수 없다. 강인한 정신과 굳센 의지가 있으면 쉬고 싶거나 게으름을 피우고 싶은 유혹에 지지 않고 주어진 업무나 공부에 집중할 수 있을지도 모른다.

그러나 마음을 굳세게 단련하는 일은 그리 간단하지 않다. 마음 단련을 며칠 했다고 사람이 확 달라지는 것도 아니다. 더구나 매일 자기 욕구를 억제하면서 살 수 있는 사람이 과연 얼마나 될까?

또한 마음을 단련하는 일은 마음이 얼마나 강해졌는지 눈으로 직접 확인할 길이 없다. 그러므로 성과 파악이 매우 어렵다. 따라서 마음을 단련해 집중력을 높이려고 한다면 시간도 오래 걸리고 그 성과를 예측하기도 쉽지 않을 것이다.

그렇다면 마음을 단련하는 일 이외에 귀찮고 놀고 싶고 쉬고 싶고 게으름 피우고 싶은 기분을 없앨 수 있는 다른 방법은 없을까?

'역시 마음을 단련하는 수밖에 없어. 그것 외에는 놀고 싶다는 유혹을 이겨 낼 수 있는 방법이 있을 리가 없잖아'라고 생각하는가? 아니다. 만약 그렇다면 성공한 모든 사람이 마음을 굳게 단련한, 의지가 강한 사람이어야 한다. 그러나 우리가 알다시피 성공한 사람들 중에서도 분명 마음 약한 사람들도 있고 유혹을 떨쳐 내기 힘들어하는 사람도 있다.

굳이 마음 단련까지 하지 않아도 집중의 기술을 이용하면 귀찮고 놀고 싶은 충동을 누르고 일과 공부에 몰입할 수 있다. 기술이라고 하니 뭔가 어렵게 들릴 수도 있겠지만 그렇지 않다. 간단한 요령 같은 것이다. 이 요령만 터득하면 마음이 강하든 약하든 관계없이 누구라도 손쉽게 눈앞에 놓인 업무나 공부에 집중할 수 있다. 집중하는 기술이 있으면 귀찮거나 하기 싫은 느낌을 없앨 수 있는 것이다.

하고 싶은 것? NO!
해야 하는 것? OK!

나는 미즈노를 퇴사한 뒤 학생들을 가르치는 교육업체를 운영해왔다. 지금까지 많은 학생을 지도해 오며 깨달은 중요한 한 가지가 있다. 바로 성적이 좋은 학생들은 하나같이 하고 싶든 하고 싶지 않든 자신의 기분과는 상관없이 일단 해야만 하는 일(그것이 숙제든, 복습이든, 예습이든 간에)을 처리한다는 점이다.

즉, 공부를 잘하는 아이는 대부분 자신이 지금 눈앞의 과제나 공부를 하고 싶은 기분인지 그렇지 않은 기분인지를 따지지 않는다. 사람은 보통 해야 할 일을 먼저 처리하고 나면 그 뒤에 '이것도 하고 싶다', '저것도 하고 싶다', '좀 더 하고 싶다'라는 의욕이 솟아나게 마련이다.

성적이 좋은 학생은 '하고 싶다', '하고 싶지 않다'라는 감정을 배제하고 먼저 과제를 처리하는 데 집중한다. 해야 할 일과 하고 싶은 일 중에서 해야 할 일에 먼저 손을 뻗는 것이다. 어른도 마찬가지다. 사회인이든 운동선수든 성과를 내는 사람은 공통적으로 자신이 하고 싶은 일만을 우선시하지 않는다.

반면에 성적이 잘 오르지 않는 학생은 자신의 현재 감정에 휘둘려서 눈앞의 과제에 집중하지 못한다. '하고 싶다'거나 '하고 싶지 않다'라는 의욕의 문제가 자꾸 눈앞에 어른거려서 쉽사리 주어진 과제에 집중하지 못하는 것이다.

그렇다면 공부에 집중하는 학생의 마음은 강하고, 공부에 집중하지 못하는 학생의 마음은 약할까? 결코 그렇지 않다. 공부를 잘한다고 해서 마음이 강하다고 단정할 수 없다. 그러나 현실적으로 공부에 집중을 잘하는 아이와 그렇지 못한 아이는 분명 존재한다. 공부에 집중을 잘하는 아이는 점점 성적이 오르지만, 공부에 집중하지 못하는 아이는 내버려 두면 점점 뒤처지고 만다. 집중력의 차이가 다른 결과를 만들어 내는 것이다.

하고 싶은지 하기 싫은지
생각하지 마라

집중을 잘하는 사람과 그렇지 못한 사람의 차이는 도대체 어디에서 생겨날까? 공부에 집중하는 아이들을 보고 내가 느낀 점은 그 아이들이 집중하는 요령을 알고 있다는 것이다. 공부에 집중하는 아이는 누군가에게 배웠을 리도 없는데 유능한 인재들이 공통적으로 실행하는 집중하는 요령을 파악하고 있었다.

집중하는 요령을 파악하고 있으면 '하고 싶다', '하고 싶지 않다'라는 자신의 감정에 좌우되지 않는다. 눈앞의 과제에 초점을 딱 맞추고 그것에만 몰입할 수 있으므로 '하고 싶다', '하고 싶지 않다', '귀찮다', '놀고 싶다', '쉬고 싶다', '게으름을 피우고 싶다'라는 감정을 모두 차단할 수 있다.

게다가 더욱 좋은 것은, 눈앞의 과제에 집중하면 '이것도 하고 싶다', '저것도 하고 싶다', '좀 더 하고 싶다'라는 의욕이 솟아오른다는 것이다.

앞서 설명했듯이 공부를 잘하지 못하는 아이는 때때로 자신의 의욕을 불러일으키는 일을 우선시하는 경향이 있는데, 공부를 잘하는 아이는 눈앞의 과제에 집중함으로써 의욕을 솟게 한다. 해야 할 일을 했는데, 그 일이 다른 일을 더 하게 만드는 연쇄 효과를 나타나게 하는 것이다.

그렇게 공부를 잘하는 아이는 더 열심히 공부해서 공부를 못하는 아이와 점점 더 격차가 벌어지게 되는 것이다.

공부를 못하는 아이는 '**감정→공부**'의 흐름으로 움직인다.
공부를 잘하는 아이는 '**공부→감정**'의 흐름으로 움직인다.

즉, 일을 진행하는 순서가 정반대이다.

메이저리그에서 활약하고 있는 스즈키 이치로 선수는 고등학교 시절 코치에게 "하루에 딱 열 번이라도 좋으니 매일 타격 연습을 해라."라는 조언을 들었다고 한다. 그래서 매일 타격 연습을 열 번씩 하는 데 집중했다.

하지만 일단 연습을 시작하면 당연히 열 번만으로는 부족하다는 생각이 들었다. 좀 더 하자는 마음이 생겼다. 이렇게 하루 열 번의 연습이 100번, 200번……으로 늘어났다. 몸이 피곤할 때는 당연히 '오늘은 하기 싫다'라고 생각했을 것이다. 하지만 그런 감정에 좌우되지 않고 일단 열 번의 연습이라는 작은 습관에 집중했다. 그렇게 연습을 거듭한 끝에 이치로 선수는 현재의 위치에 오를 수 있었다.

이렇게 귀찮고 하기 싫은 기분에 좌우되지 않고, 일단 눈앞의 과제에 초점을 맞춰야 한다.

목표를 꼭
정해야 할까?

시중에 나와 있는 자기계발서를 읽거나 자기계발 세미나에 참가하면 절대 빠지지 않고 나오는 내용이 있다. 바로 목표를 설정하라는 말이다. 목표를 설정하고 나서야 매사에 집중할 수 있다고 한다. 그 내용을 요약하면 대략 다음과 같다.

목표를 설정하지 않는 것은 목적지를 정하지 않고 비행기를 날려 보내는 일과 같다. 그러면 어디로 날아가는지 알 수가 없다. 하지만 머릿속에 목표를 확실히 입력하면 목적지를 향해 곧바로 날아간다. 그러면 집중해서 모든 일을 처리할 수 있다. 따라서 목표 설정은 매우 중요하다.

그러나 현실에서는 목표를 설정해 놓고도 제대로 완수하지 못하는 사람이 수두룩하다. 목표 설정이 중요하다는 건 알아도 그대로 행동이 이어지지는 않기 때문이다. 목표 설정이 중요한 이유는 목적지, 즉 자신의 꿈을 향해 똑바로 가는 길을 안내해 주기 때문이다. 목표 설정의 중요한 역할은 또 하나 있다. 바로 목표를 이루겠다는 강한 동기를 부여한다는 것이다.

가령 '가수가 되겠다'라는 목표를 설정했다고 하자. 이때 '나중에 가수가 된 자신'의 모습을 구체적으로 떠올리면 당면한 과제에 대해 강하게 동기를 부여할 수 있다. 그러면 "매일 하는 노래 연습이 귀찮고 번거롭지만 미래를 위해서는 꼭 필요한 거야!"라고 자신을 북돋우며 눈앞의 과제에 집중하게 된다.

하지만 이러한 동기부여는 대부분 길게 지속되지 않는다. 어느새 가수가 되고 싶다는 목표보다도 매일 하는 연습이 번거롭다는 생각이 점점 더 자리를 차지하게 된다. 그리고 결국 가수가 되겠다는 꿈을 포기하고 만다. 이런 부정적인 연쇄 작용은 누구나 겪을 수 있는 일이다.

목표가 동기부여를
해주지 못할 때

유능한 사회인이나 운동선수, 공부를 잘하는 학생들은 대부분 자신의 기분을 우선시하지 않는다. 그들은 '하고 싶다', '하고 싶지 않다'라는 기분은 제쳐 놓고 우선 눈앞의 과제에 집중한다. 그러고 나서 '좀 더 하고 싶다'는 의욕을 갖게 된다. 물론 개중에는 '미래에 ○○이 되고 싶다'라고 스스로에게 동기를 부여해서 매사에 힘을 내는 사람도 있다. 그러나 경험상 그런 식으로 목표를 달성하는 사람은 많지 않았다.

일단 눈앞의 과제를 완수하게 되면 '좀 더 잘하고 싶다' 혹은

'다른 것을 더 해보고 싶다'와 같은 새로운 도전 욕구가 생긴다. 그리고 '좀 더 잘하고 싶다'라는 의욕이 실제 업무 결과의 성과나 공부의 성적 향상으로 이어지면 앞으로 '○○이 되고 싶다'라는 구체적인 목표가 보인다. 이런 흐름으로 가야 한다.

우리가 목표를 설정해도 제대로 달성하지 못하는 이유는 그 목표가 곧바로 현재의 행동과 직결되지 않기 때문이다. 현재가 아닌 먼 미래의 시점을 기준으로 한 목표는 지금 눈앞의 과제를 해결해야 할 동기를 지속적으로 부여해 주지 못한다. 가수가 되려면 노래 연습을 꾸준히 해야 한다는 것은 알지만 매일 매일 드는 귀찮다는 생각, 오늘 하루만 건너뛰고 싶다는 생각을 떨쳐 주지는 못한다.

미래의 목표 설정이 곧 현재의 행동을 바꿔 주지는 않는다는 것, 그것이 바로 목표 설정의 허점이라면 허점이다. 목표가 현재의 과제에 대한 동기를 부여해 주기를 기다리지 말자. 그것보다는 그냥 눈앞에 주어진 과제를 해치우는 것부터 시작하자. 당장 기획안 작성을 시작하고, 당장 문제집 다섯 장 풀기를 시작하는 것, 그것이 집중이다. 끝내야만 할 과제를 하다 보면 그 다음 가야 할 길이 보인다.

동기부여가 지속되지 않는
두 가지 이유

목표 설정으로 인한 동기부여가 길게 지속되지 않는 이유에는 두 가지가 있다. 하나는 **미래의 목표와 매일 하는 작업이 잘 연결되지 않는다**는 점이다. 다른 하나는 **이상적인 자신과 현실의 자신이 지나치게 달라서 의욕을 잃어버린다**는 점이다.

구체적인 예를 들어 보자. 한 영업자가 '장래에 내 사업을 하겠다'라는 목표를 지니고 있다고 해보자. 그 목표를 이루기 위해서는 매일 규칙적으로 착실히 일과를 수행해야 한다. 가령 그 사람이 매일 영업일지를 쓴다고 해보자. 이때 '이 영업일지

는 나중에 사장이 되기 위해 꼭 필요하다'라는 식으로 매일 하
는 작업과 장래의 목표를 연결할 수 있는가?

'이 영업일지를 5,000장 쓰면 나는 사장이 될 수 있다'라고
매일 하는 작업을 장래의 목표와 연결할 수 있다면 좋겠지만
이것은 사실 불가능에 가깝다. 장래의 목표와 매일 하는 작업
사이의 거리가 지나치게 멀기 때문이다. 이 거리가 멀면 목표와
현실을 연결하기 어려워지므로 목표 설정으로 인한 동기부여
가 길게 지속되지 않는다. 그리고 결국 집중력이 떨어진다.

동기부여가 길게 지속되지 않는 또 하나의 이유는 이상적인
자신과 현실의 자신이 너무 동떨어져 있기 때문이다. 이렇게 되
면 의욕을 잃어버리기 쉽다. 예를 들어 '영업 실적을 1년 후에
두 배로 늘린다'라는 목표를 세웠다고 하자. 이렇게 목표를 설
정한 뒤 "좋아. 해보자!" 하고 마음을 강하게 먹고 방문 건수를
이제까지 해온 것보다 두 배로 늘렸다. 하지만 생각대로 계약
이 체결된다는 보장이 없다. 이런 상황이 목표 달성에 실패하
는 전형적인 패턴이다.

이런 식으로 '1년 후에 영업 실적을 두 배로 올린 자신'과
'현재 자신'의 간극을 견디지 못하고 일을 할 동기나 의욕을 잃
어버리는 것이다.

순서를 바꾸면
집중력이 높아진다

목표 설정이 곧 현재의 과제에 대한 동기부여로 연결되지 않는다고 해서 물론 목표를 설정하지 않는 편이 무조건 좋다는 것은 아니다. 목표를 설정해서 제대로 할 수 있는 사람은 목표를 정하고 그에 맞춰 차근차근 실행해 나가면 된다. 또한 회사 등 조직 전체의 성과를 달성하기 위해서 목표 설정은 빼놓을 수 없는 일이다. 자제력이 있다면 목표를 정해 놓고 능력껏 해나가면 된다.

그렇지만 목표를 정하고도 사실 많은 사람들이 제대로 집중하지 못한다. 나는 본래 자제력이 없는 보통 사람들을 위해서 집중력을 높이는 방법을 연구해 왔다. 자기계발서에는 판에 박은 듯이 '목표를 설정해라', '기한을 설정해라'라고 쓰여 있지만 세상에는 다양한 성향의 사람들이 있다. 목표를 설정하거나 기한을 설정한 뒤에 수월하게 달성하는 사람은 그대로 해도 아무 상관이 없다. 하지만 목표를 설정하고도 잘 해나가지 못하는 사람들은 다른 방법을 생각해야 한다.

몇 년 전 내 멘토가 나에게 이런 말을 해준 적이 있다.

"모리 씨는 목표를 설정하지 않는 편이 나아요. 미래의 목표에 지나치게 집중하면 바로 지금 눈앞에 커다란 기회가 와도 놓치고 마니까."

그 말이 내게 큰 영향을 미치기도 했지만, 내가 목표를 설정하지 않는 가장 큰 이유는 목표를 설정하는 일로 인한 폐해를 나 자신이 잘 알고 있기 때문이다. 나는 목표 설정을 통한 동기부여가 잘 되지 않는 사람이다. 즉, 나는 목표를 정해도 실행으로 옮기는 것이 어렵다. 그래서 먼 곳의 목표를 생각하기보다 눈앞의 과제에 집중한다.

나와 같이 먼 곳의 목표가 부담스럽다면 지금 현재에 주목해보자. 자신이 목표를 설정해 놓고 제대로 달성하지 못하는 사람이라고 생각한다면 우선 눈앞의 과제에 집중하는 자세가 필요하다. 동기부여를 우선시하지 말고 집중의 기술을 이용해서 일단 해야 할 일을 행동으로 옮겨야 한다.

만약 목표를 설정했다가 달성하지 못해 좌절한 경험이 있다면 반드시 먼저 주어진 과제에 집중하는 일부터 시작해 보기 바란다.

'감정→행동'이 아니라 '행동→감정'으로 흐름을 바꾸면 집중력이 높아지고 이전보다 훨씬 더 원하는 것을 잘할 수 있게 될 것이다.

집중력이란
대체 무엇인가?

　우리가 집중하지 못하는 가장 큰 이유는 귀찮고 하기 싫은 기분 때문이다. 눈앞의 일에 집중하려면 귀찮고 하기 싫은 기분을 몰아내야 한다. 그러기 위해 집중을 위한 '기술'이 필요하다.

　집중하기 위한 구체적인 기술에 대해서는 제2장부터 소개할 것이다. 그전에 먼저 집중을 방해하는 또 다른 요인을 알아보자. 그것은 바로 **많은 사람들이 집중력의 정의를 매우 모호하게 알고 있다**는 점이다.

　"공부에 집중해야지!"

"업무에 집중하세요."

우리는 늘 이런 말을 하거나, 듣거나, 때로는 스스로에게 다짐하기도 한다. 하지만 구체적으로 어떻게 하는 것이 집중하는 것일까? 그런 방법을 혹시 누군가에게 배운 적이 있는가?

"어떻게 하면 숙제에 집중할 수 있어요?"

만약 아이가 이렇게 물어본다면 어떻게 대답하겠는가? 아마 정확히 대답할 수 있는 사람은 별로 없을 것이다.

"집중해라!"라는 말을 들어도 구체적으로 어떻게 집중해야 하는지 알지 못하면 당연히 집중을 잘할 수가 없다. "어떻게 하면 숙제에 집중할 수 있어요?"라는 질문에 구체적으로 대답하지 못하는 이유는 집중력이라는 말의 정의가 매우 모호하기 때문이다.

질문을 바꿔서 "집중력이 뭐예요?"라는 질문에 대한 답도 한번 생각해 보자. 아마 이 질문에도 대부분이 대답하지 못할 것이다. 잘 생각해 보면 집중력이라는 말은 우리가 굉장히 자주 사용하는 말이지만 그 정의가 매우 모호하다. 집중력이 무엇인지 알지 못하면 당연히 집중하는 방법을 알려 주기 어렵다. 그러니 먼저 집중력의 정의를 명확하게 알고 있어야 한다.

한순간에 한 지점에
모든 힘을 모아라

"집중력을 한마디로 얘기하면 뭐가 되죠?"라고 물어 오면 나는 다음과 같이 대답한다.

"집중력이란 한순간에 한 지점에 모든 힘을 모으는 기술입니다."

초등학교 시절 돋보기로 종이를 태우는 실험을 해본 적이 있는가? 보통 태양빛은 우리가 느끼기에 그냥 따뜻한 수준이다. 하지만 돋보기를 이용하여 한 점에 집중시키면 종이를 태울 정도의 위력이 생겨난다. 평상시 흩어져 있는 태양빛을 한 지점에 모으면 놀라운 힘이 발휘되는 것이다.

집중도 이와 같다.

집중이란 나의 힘을 한 지점에 모으는 일이다.

그리고 **집중력이란 나의 힘을 한 지점에 모으는 기술이다.**

참고로 스포츠의 세계에서는 근육 동원력의 중요성이 자주 거론된다. 2004년 아테네 올림픽에서 금메달을 땄고, 2012년 런던 올림픽에서 동메달을 획득한 무로후시 고지는 해머던지기 선수다. 그는 해머던지기 선수로서 결코 축복받은 신체 조건을 갖춘 사람이 아니었다. 그런데 그가 어떻게 세계적으로 뛰어난 상위권 선수들과 어깨를 나란히 하고 올림픽에서 메달을 딸 수 있었을까? 그것은 바로 그의 근육 동원력이 매우 뛰어났기 때문이다.

근육 동원력이란 몸 안에 있는 막대한 수의 세포가 지닌 힘을 한 지점에 모으는 기술이다. 겉모습은 비실비실해 보이지만 힘이 센 사람이 있고, 울퉁불퉁한 근육을 자랑하지만 보기보다 힘이 없는 사람도 있다. 그들의 차이는 바로 근육 동원력에 있다.

근육량은 뒤떨어져도 힘을 한 지점에 모으는 기술, 즉 근육 동원력이 더 뛰어나다면 체격이 훌륭한 상대를 이길 수 있다.

스포츠 세계에서 실력이 뛰어난 선수는 마사지를 받으면서 "5밀리미터 왼쪽 옆을 마사지해 주세요."라고 말할 정도로 자신의 근육을 세밀하게 인식한다고 한다. 세계 최고의 선수일수록 몸 구석구석의 근육을 인식하고 자유롭게 조절할 수 있다.

미국이나 유럽권의 다른 선수들에 비해 신체 조건이 뛰어나지 않은 무로후시 선수가 세계 무대에서 승리를 거둘 수 있었던 까닭은 자신의 몸 구석구석의 근육을 의식하고 있었고 그 근육의 힘을 전부 해머던지기에 집중시킬 수 있는 기술이 있었기 때문이다. 그렇기에 다른 선수들보다 불리한 체격임에도 무로후시 선수는 누구보다도 멀리 해머를 던질 수 있었다.

그러므로 다른 어떤 능력보다 집중의 기술이 중요하다. 자신이 자제력 있는 사람이 아니라고 해도 포기할 필요가 없다. 자신의 힘을 한 지점에 모으는 기술만 알면 금세 높은 집중 상태를 만들어 업무나 공부에 몰입할 수 있기 때문이다.

만약 내가
약체 야구팀 감독이라면

내가 약체 야구팀의 감독을 맡았다고 해보자. 그러면 팀을 강하게 만들기 위해 어떻게 해야 할지 고민할 것이다. 이때 선택지는 두 가지다. 하나는 에이스 선수나 4번 타자를 다른 팀에서 데려오는 것이다. 팀의 주축이 되는 중심 선수를 보강한다면 비교적 간단히 팀의 체력을 강화시킬 수 있다. 그러나 이 선택지에는 때때로 막대한 자금이 들어간다. 게다가 입단 교섭에도 시간과 노력이 많이 필요하다.

또 다른 선택지는 지금 있는 멤버로 승리할 방법을 강구하는 것이다. 적절한 훈련법을 궁리하거나 적재적소에 인재를 배치하여 승리를 도모해 볼 수 있다. 이 선택지에는 시간과 노력만 필요할 뿐 특별한 자금력이나 교섭이 필요하지는 않다.

나는 3년 전에 도쿠시마에 있는 중학교 야구부를 지도해 달라는 의뢰를 받고 아이들을 지도한 적이 있다. 선수들을 만나보니 만년 1, 2회전에서 패배하는 팀이었지만 이기고 싶다는 마음들만은 확고했다. 그래서 선수들에게 훈련과 시합에 집중하는 방법에 대해 구체적으로 지도했다.

예를 들어 캐치볼 한 번을 한다고 해도 그저 막연히 한다면 의미가 없다.

'어떻게 하면 상대 글러브의 한 지점에 정확히 초점을 맞출 수 있을까?'

'어떻게 하면 원하는 지점에 볼을 던지도록 컨트롤할 수 있을까?'

'어떻게 하면 날아오는 공을 정확히 배트에 맞힐 수 있을까?'

각자 자신의 포지션에 맞춰 집중해야 할 포인트를 가르치고, 그 방법을 연습 중에 하나씩 실천하도록 했다. 이런 과정을 통해서 선수들은 그냥 주어진 시간만큼 야구를 하고 가는 것이 아니라 사소한 동작 하나도 집중해서 하게 되었다. 결과적으로 이 팀은 반년 후에 현 대회에서 우승하여 시코쿠 지방 대회에 진출하는 데까지 성장했다. 특별한 선수 보강을 하지 않아도 팀 전력을 강화할 수 있음을 증명한 것이다.

앞서 무로후시 선수의 예에서도 이야기했지만, 승리하려면 지금 지닌 힘을 얼마나 한 곳에 모을 수 있는지가 중요하다. 근육량을 늘리고, 에이스 선수나 4번 타자를 보강하는 일은 분명히 승리를 쟁취하는 효과적인 수단 중 하나이다. 하지만 그렇게까지 하지 않아도 지금 보유한 힘을 제대로만 활용할 수 있다면 이전보다 더 높은 성과를 낼 수 있다.

경영자가 사원 각자의 강점을 제대로 끌어낸다면 회사는 더욱 성장할 것이다. 그리고 그 힘을 최대한 끌어내는 방법이 바로 집중의 기술이다. **집중할 수 있는 사람과 집중하지 못하는 사람의 차이는 '집중하는 요령을 아는가, 모르는가'의 차이밖에 없다.** 1분 집중할 수 있는 사람과 60분 집중할 수 있는 사람의 성과 차이는 클 수밖에 없다. 그리고 집중하는 요령만 파악한다면 누구라도 수월하게 집중할 수 있다.

귀찮음을 버리고
일단 시작하라

집중은 의지만으로 되는 것이 아니다. 마음을 단단히 먹는다고 집중을 잘할 수 있는 것이 아니다. 먼저 집중을 방해하는 요인이 무엇인지 파악해야 한다. 미래의 훌륭한 목표를 세우는 것은 중요하다. 그러나 좋은 목표 자체가 현재 눈앞의 하기 싫은 마음을 쫓아내지는 못한다.

아침마다 이불을 박차고 일어나게 하는 힘은 먼 미래에 교수나 유명 연예인, 회사의 CEO가 되어 있을 나의 모습이 아니라 지각하면 안 된다는 한 시간 뒤의 절박함에 달려 있다.

공부를 잘하는 아이나 뛰어난 스포츠 선수는 눈앞의 과제를 지금 당장 해야 하나 하지 않아도 되나를 가지고 생각을 거듭하지 않는다.

공부를 잘하는 아이는 오늘 안에 풀어야 할 문제를 남기지 않고 오늘 끝낸다. 그것은 내년에 성적이 몇 등 올라가기 때문이 아니라 그 일이 오늘 끝마쳐야 할 과제이기 때문이다.

이치로 선수 역시 오늘 해야만 하는 배팅 연습을 내일로 미루지 않았다. 내일은 내일 해야 할 배팅 연습이 있고, 오늘의 연습은 오늘 몫이기 때문이다.

내가 지금 이걸 하고 싶은지 하기 싫은지, 지금 안 한다 해도 내일 몰아서 하면 한번에 끝낼 수 있는 분량인지를 계산하지 말자. 하고 싶어서 하는 것이 아니라 해야만 하는 것이기 때문에 지금 바로 해야 한다.

그런 마음으로 책상 앞에 앉았다면 이제 집중해서 몰두해야 한다. 어떻게 집중할까?

자, 이제 다음 장에서는 집중을 위해 필요한 다음 단계로 들어갈 차례다.

제 2 장

잃어버린 집중력을
깨워라

힘,
지나치면 오히려 역효과

집중이란 자신의 힘을 한 지점에 모으는 일이다. 그리고 집중력이란 자신의 힘을 한 지점에 모으는 기술이다. 즉 집중하기 위한 노하우는 자신의 힘을 한 지점에 모으는 구체적인 방법이라고 할 수 있다.

그런데 집중하는 데 힘을 모은다고 하면 무조건 최대한의 힘을 쏟아부어야 한다고 여기는 사람이 많다. 물론 힘을 한 지점에 집중하려면 최대한 강한 힘이 필요할 수도 있다. 하지만 문제는 힘을 넣는 방법이다. 힘이 강하면 좋다고 해서 무조건

전력을 다하는 것이 반드시 바람직하다고는 할 수 없다. 최대한 강한 힘을 한 지점에 집중하고 싶다면 역설적이지만 **힘을 지나치게 넣지 않는 것이 요령이다.**

'최대한 강한 힘을 한 지점에 집중하고 싶은데 힘을 지나치게 넣으면 안 된다니?'

뭔가 앞뒤가 맞지 않는다고 생각할 수도 있을 것이다. 이 부분에 관해서는 세론 듀몬Theron Q. Dumont이 지은 《집중력의 힘》 The power of concentration에 흥미로운 내용이 있다. 조금 길지만 한 번 읽어 보자.

성공하는 데 집중력이 꼭 필요한 시대라지만, 집중력의 노예가 되어 업무의 고민을 가정에까지 가지고 돌아가서는 안 된다. 이것은 생명력이라는 막대기의 양쪽에 불을 붙여 생명력을 예정보다 훨씬 빨리 불태우는 꼴이다.

업무에 지나치게 몰두해 교회에 가서도 일 생각만 하느라 목사님의 이야기를 귀담아듣지 않는 사람이 많다. 극장에 가서도 마음을 업무에 빼앗겨 영화를 제대로 즐기지 못하는 사람도 있다. 침대에 누워서조차 업무를 생각하느라 잠들지 못하면서 어째서 잠이 오지 않는지 이상하게 생각하는 사람마저 있다.

이런 집중은 잘못된 것이며 위험한 것이다. 자신을 컨트롤하지 못하고 있기 때문이다. 하나의 생각을 쉴 없이 계속 하고 있는 것은 육체적으로는 물론 정신적으로까지 좋지 않은 상황으로 연결될 수 있다. 자신이 생각을 지배하는 것이 아니라 생각에 지배당하는 것이기 때문이다. 자기 자신을 지배하지 못하는 사람은 성공했다고 말할 수 없다.

집중력을 컨트롤하지 못하면 건강을 해친다. 다른 일이 전혀 마음에 들어올 여유가 없다면 무언가에 몰두하는 것을 멈춰라. 그것이 바로 셀프컨트롤이다.

집중하는 것은 중요하다. 그러나 통제할 수 있을 만큼의 집중력을 발휘해야 한다. 생각에 지배당하는 것이 아니라 생각을 지배하는 힘이 필요한 것이다.

집중하기 위해서는
편안함이 관건이다

우리가 원하는 것은 하나의 생각을 쉼 없이 계속 하는 것이 아니다. 생각에 지배당하지 말고 스스로 생각을 지배해야 하며 그러려면 셀프컨트롤이 필요하다고 듀몬은 말했다. 나는 《집중력의 힘》을 읽으면서 고개가 절로 끄덕여졌다.

무언가에 집중하고 싶다고 해서 다른 어떤 것도 들어올 여유가 없을 정도로 집중하는 일은 바람직하지 못하다. 어떤 일을 하는 바로 그 순간에만 딱 몰두하면 된다. 무언가에 지나치게 집중해서 몸이 쇠약해지거나 건강을 해친다면 아무것도 남는 것이 없는 셈이다. 즉 무언가에 집중하려면 언뜻 모순인 듯하지만 힘을 과하게 쓰지 않아야 한다.

그렇다면 도대체 어떻게 해야 셀프컨트롤을 잃지 않을 정도로 집중할 수 있을까? **적당히 힘을 빼고 집중할 방법**이 있을까? 있다! 그러기 위해서는 바로 **편안한 상태가 되어야 한다.**

편안한 상태가 되는 데는 여러 가지 방법이 있다. 사람마다 자신에게 잘 맞는 방법은 각기 다르니 자신에게 맞는 것을 골라서 사용하면 된다.

긴장하는 사람은
집중을 못한다

아이가 게임에 집중하고 있는 장면을 한번 떠올려 보자. 이때 아이는 "이 게임에 꼭 집중해야만 해!"라고 하며 긴장을 하지는 않는다. 적당히 편안한 상태로 눈앞의 게임을 즐긴다. 이 모습이 말하자면 가장 이상적인 집중 상태다.

이 상태를 만들어 내려면 몸과 마음이 먼저 편안해져야 한다. 내가 수많은 학생과 운동선수, 사회인들을 지도해 온 경험에 비추어 볼 때 무언가에 집중하지 못하는 사람은 때때로 긴장해서 과도하게 힘이 들어가는 경향이 있었다.

'무슨 일이 있어도 제대로 해야 해!'라고 생각해서 힘이 들어가는 사람일수록 진가를 발휘하지 못하는 경우가 많았다. 무리하게 애를 쓰면 '이러다가 실패하면 어쩌지' 하는 잡념이 몰려와서 주어진 업무나 공부에 집중하지 못하기 마련이다. 여러분 역시 한두 번쯤 그렇게 실패한 경험들이 있지 않은가?

반면에 자신의 힘을 발휘하는 사람, 혹은 자신이 지닌 힘 이상을 발휘하는 사람은 대부분 편안한 상태로 일을 처리한다. 이것이 바로 이상적인 집중 상태이며 우리도 이 상태가 되기 위해 노력해야 한다. 즉 무언가에 집중하려면 편안한 상태가 되어야 하고, 그렇게 되기 위한 구체적인 방법을 알아야 한다.

나는 강연이나 세미나 등에서 집중과 편안한 상태의 관계에 대해 설명할 때 진자의 원리를 이용하곤 한다. 진자는 끌어당기면 당길수록 진폭이 커진다. 마찬가지로 긴장의 끈을 당기면 당길수록 집중력은 자연스레 흐트러질 수밖에 없다. 반대로 편안한 상태의 진폭을 유지하면 그만큼 집중력도 높아진다.

즉 편안한 상태가 되면 될수록 더욱 깊게 집중할 수 있다. 이렇게 집중과 편안한 상태는 떼려야 뗄 수 없는 관계다. 무언가에 집중하고 싶다면 반드시 먼저 편안한 상태가 되어야 함을 잊지 말자.

연습할 때만 잘하는 사람이 되지 않으려면

세계 최고의 운동선수들은 집중할 때 루틴Routine이라고 불리는 과정을 실행하는 경우가 많다. 루틴은 습관적으로 정해놓은 동작을 일컫는 말로, 특히 이치로 선수가 타석에 들어섰을 때 하는 루틴이 매우 유명하다.

럭비 월드컵에서 화제가 된 고로마루 아유무 선수도 반드시 습관적인 동작을 한 뒤에 공을 찬다. 그들이 **루틴을 중시하는 주된 이유는 스스로 편안한 상태를 만들어 내기 위해서다.**

그렇다면 어째서 루틴을 실행하면 편안한 상태가 될까? 당연한 말이지만 운동선수들은 시합에 들어가기 전 여러 번 같은 연습을 반복한다. 아마 같은 동작을 수천 번, 수만 번 반복했을 것이다. 이치로 선수는 타격 연습이, 고로마루 선수는 킥 연습이 생활의 일부일 것이다.

이때 문제는 연습할 때는 시합 때만큼의 긴장감이 없다는 사실이다. 감독과 코치는 종종 "시합이라고 생각하고 연습해라."라고 말하지만 정말 시합처럼 긴장해서 연습하기란 그리 쉽지 않다. 연습 때는 의식하지 않아도 적당히 편안한 상태로 있으므로 자신의 능력을 마음껏 발휘할 가능성이 높다.

그런데 본시합이 되면 연습 때만큼의 기량을 발휘하는 사람이 많지 않다. 올림픽 경기에서 이변이 자주 일어나는 것도 이 때문이다. 분명히 국내에서 연습을 할 때는 결과가 좋았는데 타지에서, 그것도 몇 번 접해 보지 않은 경기장에서 중요한 경기를 치르고 있다고 생각하면 선수들의 집중력이 이전보다 현저히 떨어진다. 관객들의 함성, '실패하면 어쩌지?'와 같은 생각이 집중을 방해하기 때문이다. 이렇듯 시합에서는 연습 때와 상황이 전혀 다르므로 연습 때와 같은 성과를 내는 것이 무척 어렵다.

이치로 선수나 고로마루 선수 같은 사람들에게 중요한 것

은 연습할 때처럼 본경기를 치르는 일이다. 어떻게 해야 그렇게
될 수 있을까? 일단 마음이 편안한 상태가 되어야 한다. 이때
루틴이라고 부르는 일종의 습관적인 동작이 그것을 가능하게
해준다.

자신만의 루틴을
만들어라

당연한 말이지만 이치로 선수나 고로마루 선수는 본경기뿐 아니라 연습할 때부터 항상 루틴을 실행한다.

"어째서 연습할 때부터 루틴을 실행하지? 그런 쓸데없는 동작을 하는 것보다 그 시간에 다른 연습을 하면 기술이 더욱 향상되지 않을까?"

이렇게 말할 수도 있지만 그들은 결코 헛된 시간을 보내는 것이 아니다. 그들이 귀중한 연습 시간 때도 일부러 루틴을 실행하는 까닭은 연습에서 경험한 성공을 그 동작과 완벽하게 연결하기 위해서다. 연습 단계부터 '이 동작을 하면 나는 반드시 해낼 수 있어!'라고 자신의 몸과 마음에 새기는 것이다.

본경기에서는 자칫하면 긴장할 수 있다. 그 전에 **루틴을 실행하면 연습에서 체험한 성공을 무의식적으로 떠올릴 수 있다.** 예를 들어 고로마루 선수의 경우, 습관적인 동작을 하면 연습 때 성공했던 이미지를 떠올리면서 공을 찰 수 있다고 한다. 그 덕분에 관객의 환호성이나 '실패하면 어쩌지'라는 부정적인 생각에 사로잡히지 않고 적당한 긴장감을 유지하면서 편안하게 높은 집중 상태를 유지할 수 있었다.

즉 루틴을 실행해서 편안한 상태가 되는 것은 연습에서 체험한 성공을 그 동작과 연결했기 때문이다. 그렇기에 최고의 자리에 있는 사람일수록 습관적인 동작, 즉 루틴을 중시한다. 그들은 준비운동 단계부터 다양한 루틴을 받아들인다. 그들에게 루틴은 편안한 상태로 모든 일을 처리하기 위한 필수 아이템과 같다.

운동선수들의 방법을 우리의 일상에도 그대로 차용할 수 있다. 우리도 편안한 상태가 될 수 있는 어떤 습관적인 동작, 즉 자신만의 루틴을 만들어야 한다. 처음에는 그 동작에서 집중 상태까지 이어지기가 어려울 수도 있다. 하지만 계속 반복하다

보면 루틴을 실행한 후 바로 집중으로 이어지는 단계까지 나아
갈 수 있다.

자신 안에 잠들어 있는 집중력을 어떻게 끌어낼 것인가? 그
요령을 파악하기 위해 이제부터 소개하는 편안한 상태가 되는
기술을 자신의 루틴으로 받아들이는 일부터 시작해 보자.

코는
뇌의 라디에이터

어떻게 하면 편안한 상태가 될 수 있을까? 먼저 자세를 만드는 방법을 살펴보자. "집중력이 부족한 사람들의 공통점이 무엇일까요?"라고 물으면 나는 가장 먼저 나쁜 자세를 꼽는다. 내 경험상 최고의 운동선수 중에 자세가 나쁜 사람은 단 한 명도 없었다. 또한 성적이 좋은 아이는 대부분 자세가 좋았고, 반대로 성적이 나쁜 아이는 자세도 나쁜 경우가 많았다.

자세가 좋으냐 나쁘냐는 집중력과 직결된다. 자세가 좋으면 집중력이 높아진다. 반대로 자세가 나쁘면 집중력이 떨어지는 경향이 있다. 그 까닭은 무엇일까? 바로 '숨 쉬기' 때문이다. 자세는 숨 쉬기와 관련이 높다. 자세가 나쁜 사람은 코로 숨을 쉬지 않고 입으로 쉬는 경향이 있어서 집중력이 떨어진다.

왜 입으로 숨을 쉬면 집중력이 떨어질까? 입으로 숨을 쉰다는 것은 코로 숨을 제대로 쉬지 않는다는 의미이기도 하다. 그렇다면 이 질문은 '왜 코로 숨을 쉬지 못하면 집중력이 떨어질까?'라는 것으로 바꿀 수 있다. **코로 제대로 숨을 쉬지 못하면 집중력이 떨어지고 업무나 공부를 하는 데 효율이 떨어질 가능성이 크다.**

컴퓨터를 생각해 보면 이해하기 쉬울 것이다. 컴퓨터의 뇌에 해당하는 것은 CPU다. 컴퓨터를 사용하다 보면 내부에 있는 CPU는 서서히 열이 오른다. 열을 머금은 CPU는 작업 효율이 떨어지므로 어딘가에서 열을 식혀 주어야 한다. 그 역할을 하는 것이 바로 라디에이터다. 라디에이터가 있기에 CPU는 과열되지 않고 기능을 유지할 수 있다. 물론 라디에이터가 없어도 컴퓨터는 작동을 하지만 열을 머금고 있으면 속도가 점차 느려진다거나 조금씩 문제가 생기는 등 점점 성능이 떨어진다.

이와 같은 이야기를 인간의 뇌에도 적용할 수 있다. 인간의 뇌는 고성능 CPU와 같다. 계속 사용하고 있으면 당연히 열을 머금게 된다. 인간의 뇌가 몸의 최대한 위쪽에 붙어 있는 것은 가능한 한 바깥 공기에 노출되어 온도를 내리기 위해서다.

그러나 뇌는 동시에 매우 까다로운 곳이기도 하다. 두꺼운 두개골에 둘러싸여 몸의 가장 위쪽에 있으면서도 좀처럼 냉각하기 어려운 측면이 있기 때문이다. 그러면 인간은 어떻게 뇌를 냉각할까? 사실 이때 코가 중요한 역할을 한다. **코로 밖의 차가운 공기를 들이마셔서 뇌를 식히는 것이다.** 말하자면 코는 뇌의 라디에이터 역할을 하고 있다.

그래서 코로 숨을 쉬어야 뇌가 제대로 작동하는데 자세가 나쁘면 입으로 숨을 쉴 가능성이 높아진다.

코로 숨 쉬지 않으면 머리가 나빠진다

일본에서는 예전에 '코로 제대로 숨을 쉬지 못하면 머리가 나빠진다'라는 말이 크게 유행했었다. 바로 뇌가 머금은 열을 제대로 식히지 못해 효율이 떨어지기 때문이다. 즉 코로 호흡하지 못하면 집중력을 유지하기 어려우므로 '코로 숨 쉬지 못하면 머리가 나빠진다'라는 말은 전혀 근거 없는 이야기가 아니었던 것이다.

"그렇다면 입으로 숨을 쉬지 않고 그냥 코로만 쉬면 되는 것 아닌가요?"

어디로 숨 쉬느냐가 문제라면 좋은 자세, 나쁜 자세를 따질 것이 아니라 코로 숨 쉬기와 입으로 숨 쉬기를 따져야 하는 것이 아니냐고 생각할 수 있다. 그렇게 생각하는 사람은 한번 등을 구부리고 코로 숨을 쉬어 보기 바란다. 폐가 압박되어 호흡하기 괴로울 것이다. 그다음에는 등줄기를 쭉 펴고 코로 호흡해 보기 바란다. 폐가 넓어져서 호흡하기가 편안하지 않은가?

이렇게 자세는 호흡과 밀접하게 관련되어 있다. 따라서 입으로 호흡하는 것을 코로 호흡하는 것으로 바꾸려면 먼저 자세를 바로잡아야 한다. 자세를 바르게 하여 호흡법을 바꾸지 않으면 아무리 집중한다고 해도 뇌가 과열되어 그 상태를 유지하기 어렵다.

편안한 상태로 집중 상태를 유지하려면 먼저 자세를 개선하는 것이 필수다. 바른 자세를 취해야만 숨 쉬기가 제대로 되고, 그래야 집중력의 기술을 사용할 수 있다.

단숨에 집중력을
높이는 자세

자세가 좋은 사람은 당당하고 자신감 있는 인상을 풍긴다.
반면에 자세가 나쁜 사람은 어딘가 자신 없어 보이고 침울한
인상을 준다. 그렇기 때문에 부모는 아이의 자세를 예의 주시
하기 마련이다.

"자세를 똑바로 해야지!"

어렸을 때 부모님에게 이렇게 혼난 적이 있을 것이다. 하지만
구체적으로 어떻게 하면 자세가 좋아질까? 나는 교육업체를
운영하면서 놀란 적이 있다. 아이들에게 "자세를 바르게 해라."

라고 말해도 아이들이 쉽게 행동으로 옮기지 못했기 때문이다. '자세를 바르게 해라'라는 말이 정확하게 무엇을 어떻게 해야 하는 건지 모르는 아이들이 생각보다 많았다.

이것은 어른도 마찬가지였다. 나는 강연, 연수, 세미나 등을 시작할 때 "일단 자세를 바르게 해주세요."라고 말하는데, 그 말을 제대로 실천하지 못하는 사람들이 꽤 많다. 그래서 "이렇게 이렇게 자세를 바르게 해주세요."라고 구체적인 방법을 제시하면 이런 반응들이 돌아왔다.

"아하! 이렇게 하면 올바른 자세가 되는군요."
"어떻게 하면 되는지 이제 알았어요."
"자세를 바꾼 것만으로도 이렇게 기분이 달라지는군요."

어떻게 하는 것이 바른 자세를 갖추는 것일까?

먼저 의자에 가볍게 앉는다. 그다음 자신이 주로 쓰는 팔을 머리 중앙에 올리고 손바닥으로 가볍게 머리를 누른다. 그런 뒤에 위에서 머리를 누르는 힘에 반발하듯이 턱을 당기고 등줄기를 힘껏 위쪽으로 펴 보자. 그러면 머리 위에서 누르고 있는 손도 등줄기가 늘어남과 동시에 힘껏 위로 밀려 올라가는 것을

집중력이 높아지는 자세 만들기

의자에 가볍게 앉는다.

자주 쓰는 손을 머리 중앙에 올리고
가볍게 머리를 누른다.

머리를 누르는 힘에 반발하듯이
손을 머리 위에서 내린다.

턱을 당기고 등줄기를 힘껏 늘린다.

양어깨를 올리고 2, 3초간 유지한다.

몸에 힘을 빼고 양팔을 털썩 내린다.

느낄 수 있다. 이 과정이 끝나면 손을 머리 위에서 내리자.

다음으로 양어깨를 힘껏 들어 올리고 2~3초 동안 긴장 상태를 유지한다. 그 후 몸에 힘을 빼고 양팔을 털썩 하고 내리면 끝이다.

거울 앞에 의자를 두고 지금 설명한 이 내용을 따라해 보길 바란다. 지금까지 굽어 있던 등줄기가 꼿꼿이 펴지는 것을 느낄 수 있을 것이다. 처음에는 익숙하지 않겠지만 이 자세로 공부를 하거나 업무를 보다 보면 몸이 매우 편안하다는 것을 깨달을 수 있을 것이다.

사실 등이 굽은 상태로 오랜 시간 의자에 앉아 있으면 집중력도 지속되지 못할뿐더러 요통이나 어깨가 결리는 증상도 나타나기 쉽다. 반면에 방금 소개한 상태는 등줄기가 이상적인 S자 커브를 그린다. 그러면 자연스럽게 집중하기 쉬운 상태를 만들 수 있다.

당신의 자세를
돌아보라

　머리를 들고 등줄기를 꼿꼿이 편 자세는 코 호흡이 가장 깊어지는 자세다. 이미 말했듯이 **코로 깊이 숨을 쉬면 뇌가 과열되는 것을 방지할 수 있다.** 그뿐 아니라 호흡이 깊어지면 뇌의 에너지원이 되는 산소를 더욱 많이 뇌로 옮길 수 있다. 산소를 효율적으로 뇌에 공급하면 당연히 몸이 편안해진다.

　반면에 자세가 나쁜 사람은 항상 권태로운 이미지를 풍긴다. 최근에는 아이들도 걸핏 하면 나른하다거나 피곤하다고 말하는 모습을 자주 보는데, 그런 아이일수록 좀처럼 공부에 집중하지 못한다. 만약 자신이 그런 상태라면 원인은 뇌의 산소 부족에 있을지도 모른다.

만약 뇌에 산소가 부족하여 피로감을 느낀다면 근본적으로 자세가 나쁜 탓은 아닌지 살펴보자. 직장인들은 책상에서 작업하느라 온종일 앉은 채로 시간을 보내는 사람이 많다. 업무는 대부분 컴퓨터로 하는데, 컴퓨터 화면을 보고 있노라면 아무래도 자세가 앞으로 쏠리게 된다. 허리는 굽어지고 어깨에는 힘이 들어가며 거북목 자세로 화면만 뚫어져라 쳐다본다.

자신도 깨닫지 못하는 사이에 자세가 나빠져서 호흡이 얕아지는 악순환에 빠지면 집중력이 떨어지고 작업의 효율도 낮아진다. 그런 악순환을 방지하기 위해서라도 책상 앞에 앉아 있을 때는 의식적으로 올바른 자세를 갖추기 위해 노력해야 한다.

나는 아이들을 가르칠 때도, 직장인을 대상으로 하는 다양한 세미나를 진행할 때도 먼저 바른 자세부터 잡도록 한다. 좋은 자세는 겉모습만의 문제가 아니라 집중력을 발휘하는 데 필수 조건이기 때문이다. 자세가 나쁘면 집중 노하우도 아무 의미가 없다. 집중력을 기르기 위해 가장 먼저 기억해야 할 것은 바로 바른 자세다.

마이너스×마이너스
=플러스법

자세를 바르게 했다면 그다음 몸을 더욱 편안하게 하는 작업에 돌입해야 한다. 몸을 편안하게 하는 방법에는 몇 가지가 있는데 먼저 소개하고 싶은 것은 바로 '마이너스×마이너스=플러스법'이다. 구체적인 방법은 다음과 같다. 먼저 **양어깨를 힘껏 올려 긴장 상태를 만든다.** 그리고 나서 **어깨를 한 번 더 끌어올린 뒤 참을 수 없게 되면 털썩 하고 떨어뜨린다.** 이 동작을 2~3회 반복해 보자.

여기서 말하는 '마이너스'와 '플러스'의 의미는 대체 무엇일까? 보통의 상태를 제로(0)라고 한다면 그보다 안 좋은 쪽에 위치한 긴장 상태는 마이너스(-)다. 그리고 제로보다 좋은 쪽에 위치한 편안한 상태는 플러스(+)가 된다. 그래서 긴장했을 때를 마이너스 상태로, 편안한 때는 플러스 상태로 지칭하는 것이다.

긴장(마이너스)×긴장(마이너스) = 편안한 상태(플러스)

그런데 어째서 어깨를 올렸다가 내리는 것만으로 편안한 상태가 되는 효과를 얻을 수 있을까? 사람은 보통 긴장을 하게 되면 어깨가 뻣뻣해진다. 자신도 모르는 사이에 어깨에 힘이 들어가기 때문이다. 어깨에 필요 이상의 힘이 들어가면 분명히 긴장 상태, 즉 마이너스 상태가 된다. 그다음 어깨를 더욱 끌어 올리면 몸은 한층 더한 긴장 상태, 더 큰 압박을 받는 마이너스 상태가 된다. 이때 털썩 하고 어깨를 떨어뜨리면 갑자기 편안한 상태, 즉 플러스 상태가 된다.

이렇게 압박이 가중되던 상태에서 갑자기 편안한 상태가 되면 몸은 순간적으로 긴장을 풀게 된다. 즉, 고도의 긴장을 한순간에 풀어서 편안한 상태 즉 플러스 상태로 만들 수 있다. 그래서 이 방법을 마이너스×마이너스=플러스법이라고 부른다.

양어깨를 힘껏 올린다.

어깨를 더욱 힘껏 끌어올린다.

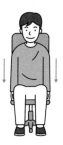

어깨를 털썩 하고 떨어뜨린다.

이 동작을 2~3회 반복하면 편안한 상태를 만들 수 있다.

긴장 상태를 더해서
편안함을 찾는 법

긴장 상태가 주는 압박에서 벗어나면 왜 오히려 몸이 편안해질까? 시험 삼아 어깨를 힘껏 올린 상태를 계속 유지해 보자. 그 상태를 몇 분간 지속할 수 있는가? 아마도 2~3분이면 어깨가 너무 아파 와 곧 힘을 빼게 될 것이다. **인간은 긴장 상태를 계속 유지할 수 없다.** 과도한 부하가 걸리면 어느 단계에서는 한계가 와서 몸에 힘을 뺀다.

그렇기 때문에 만약 편안한 상태를 원한다면 일부러 긴장 상태로 압박감을 주고, 힘을 뺄 수밖에 없는 지점까지 스스로 끌고 가면 된다. 앞서 이야기했듯이 사람은 편안해야 한다고 생각하면 생각할수록 오히려 불편해지기 마련이다.

그렇다면 먼저 긴장하고 있다는 사실을 인정하자. 그리고 무리하게 편안한 상태가 되려고 하지 말고 일부러 긴장 상태를 더한다. 그러면 몸은 그 상태를 계속 유지할 수 없기 때문에 일정한 부하가 걸리면 어느 지점에서 힘이 빠진다. 그러고 나면 정말 편안한 상태가 된다.

마이너스×마이너스=플러스법은 언제 어디서나 실천할 수 있는 방법이다. 잠시 편안하게 휴식을 취하고 싶을 때 의자에 앉은 상태에서 간단히 하면 된다. 중요한 프레젠테이션을 앞두고 편안한 상태에 들어가고 싶을 때도 가볍게 실행할 수 있다. 또한 중요한 시험이나 경기에 임할 때 등 반드시 편안한 상태가 되어야 할 때도 이용할 수 있다.

올림픽은 물론 각종 세계선수권대회를 준비하는 많은 운동선수들이 이런 동작을 주기적으로 연습하고 있다. 텔레비전 중계를 보면 선수들이 경기를 시작하기 전, 어깨를 상하로 움직이는 습관적인 동작으로 긴장을 떨치는 모습을 본 적이 있을 것이다.

매일 아침 일을 시작하기 전에, 중요한 시험 전에 긴장을 풀기 위해 마이너스×마이너스＝플러스법으로 편안한 상태를 만들어 좋은 성과를 올린 사람들이 꽤 있다. 매우 간단한 훈련이지만 각종 세미나나 워크숍 등에서 "효과가 있다.", "계속 실천하고 싶다."는 소리를 자주 듣는다. 기껏 해야 20~30초 걸리는 사소한 동작이지만 일단 해보면 매우 효과적이다.

시간과 장소를 가리지 않는다는 의미에서도 마이너스×마이너스＝플러스법은 편안한 상태가 되기 위해 매우 유효한 방법이다. 자신의 루틴으로 삼아 매일, 자주 실행해 보기 바란다.

집중력을 위해서는
심호흡도 필수

올바른 자세를 갖추고 어깨의 긴장도 풀었다면 다음에는 숨 쉬는 방법을 체크해 볼 필요가 있다. 나는 강연을 할 때 호흡 부분에서는 늘 이런 말로 시작한다.

"자, 지금부터 5분 동안 숨을 참아 주세요."

5분이나 숨을 참고 있을 수 있는 사람이 있을까? 사람들은 내 말을 농담으로 듣고서 껄껄 웃거나 그렇게는 못 한다며 손사래를 친다. 당연한 일이다. 보통 사람이라면 5분 동안 숨을 참으면 죽는다. 뇌가 필요로 하는 산소가 공급되지 않기 때문이다. 자동차가 연료를 필요로 하는 것과 마찬가지로 산소가 없으면 인간은 살아갈 수가 없다.

아무리 성능이 뛰어난 자동차라고 해도 연료가 없으면 움직이지 않는다. 사람도 마찬가지다. 능력이 아무리 빼어난 사람이라고 해도 뇌에 산소가 공급되지 않으면 능력을 발휘하지 못하며 집중할 수도 없다. 뇌에 산소를 보내는 일은 자동차로 따지면 연료를 공급하는 것과 같은 매우 중요한 작업이다.

그럼에도 호흡의 중요성을 인식하는 사람이 많지 않다. 운동선수들은 자신의 들숨과 날숨을 어떻게 활용해야 하는지 비교적 잘 알고 있다. 그러나 일반인들 중에서 그런 부분을 인식하는 사람은 극히 드물다.

업무나 공부를 할 때 편안한 상태가 되어 집중력을 발휘하려면 심호흡은 꼭 필요하다. 사람은 긴장하면 호흡이 빨라지고 동시에 얕아지는 경향이 있다. 호흡이 얕아지면 산소가 뇌에 도달하기 어려워져 집중력이 떨어진다. 즉, **편안한 상태로 집중력을 발휘하려면 심호흡을 꼭 해야 한다.**

심호흡은 단순히 숨을 깊게 마시고 내뱉는 것이 아니다. 심호흡에도 제대로 된 방법이 있다. 그 방법을 알아보자.

유능한 인재들의
5, 3, 8 심호흡법

집중력을 높이는 데 효과적인 심호흡 방법은 어떤 것일까?

먼저 의자에 앉는다. 앉은 상태로 일단 어깨를 힘껏 올린 뒤 털썩 하고 늘어뜨려서 몸에 힘을 뺀다. 그다음 무릎 위에 양손을 올리고 손바닥을 위로 향한다. 그리고 **살짝 눈을 감고 코로 5초 동안 크게 숨을 들이마신다.** 이때 깨끗한 공기가 코를 타고 들어와 온몸의 세포 구석구석까지 퍼지는 이미지를 상상하며 숨을 들이마신다.

5초 동안 숨을 들이마셨다면 다음 **3초 동안 숨을 멈춘다.**

숨을 멈추는 것은 숨을 들이마실 때와 내쉴 때의 경계를 각각 명확히 의식하기 위해서다. 마시고, 내쉬고, 마시고, 내쉬는 작업을 단순히 반복하기만 하면 경계선이 모호해지기 쉽다. 한번 숨을 멈추면 경계선이 생겨나므로 숨을 들이마시는 동작과 내쉬는 동작을 확실히 구분해서 의식적으로 할 수 있다.

숨을 3초 동안 멈춘 후에는 몸 안의 더러운 공기나 안 좋은 기분 따위를 바깥으로 내보내는 이미지를 떠올리면서 천천히 숨을 내쉰다. 이때 **입으로 숨을 내쉬는 시간은 8초 동안이다.**

즉 5초간 마시고, 3초간 멈추고, 8초간 내쉰다.

이 작업을 3회 정도 반복하자. 이 과정이 심호흡을 하는 올바른 방법이다.

10년간 15만 명의 사람들에게 집중력 훈련을 강의하면서 나는 이 심호흡법의 패턴을 만들었다. 다양한 방법으로 많은 사람들과 연습해 본 결과 5초, 3초, 8초가 아이와 어른을 포함한 대다수에게 잘 맞는 방식이었다. 그렇다고 해도 모든 사람에게 잘 맞는다고는 할 수 없으므로 만약 이 5초, 3초, 8초의 방법이 잘 맞지 않는다면 자신만의 타이밍을 만드는 것도 좋다.

─── 5, 3, 8 심호흡법 ───

앉은 상태로 어깨를 힘껏 올렸다가 털썩 하고 힘을 뺀다.

⬇

무릎 위에 양손을 올리고 손바닥을 위로 향하게 한다.

⬇

코로 5초 동안 공기를 마신다.

⬇

3초 동안 숨을 멈춘다.

⬇

입으로 숨을 8초 동안 내뱉는다.

하지만 가능한 한 일단 5초, 3초, 8초 타이밍으로 호흡하는 리듬을 익혀 보자. 이 호흡법을 3회 정도 반복하기만 해도 편안한 상태가 되었음을 실감할 수 있을 것이다. 또한 주의가 산만해지는 문제도 해결할 수 있다.

왜 실리콘밸리에서는 명상을 할까?

일상생활에서 5초, 3초, 8초 심호흡은 3회만 해도 상관이 없다. 하지만 눈을 감고 이 동작을 5~10분 정도 실시하면 흔히 말하는 명상이 된다. 명상이 몸과 마음을 편안하게 해주는 효과가 있는 것은 잘 알려져 있다. 그래서인지 최근에는 미국의 실리콘밸리 등지에서도 명상법(마음챙김mindfullness)이 주목받고 있다고 한다. 사실 눈을 감고 심호흡을 반복하다 보면 편안한 상태가 된다.

그런데 명상을 할 때는 무념무상의 상태로 나아가야 하는 데 이게 생각만큼 쉽지가 않다. 쓸데없는 잡념이 계속 생기기 때문이다. 머릿속을 비우려고 하면 할수록 쓸데없는 생각이 자꾸 떠오르는 법이다.

'뭔가 이상한 소리가 나는데.'
'계속 앉아 있으려니까 다리 아프네.'
'아, 목말라.'

아무것도 생각하지 않으려고 할수록 쓸데없는 생각이 불쑥 솟아오른다. 이런 상태로는 편안한 상태가 될 수 없다. 그렇다면 명상으로 편안한 상태가 되려면 어떻게 해야 할까?

요령은 호흡에 집중하는 것이다. 일단 시간을 머릿속으로 세면서 5초, 3초, 8초 호흡의 타이밍에만 집중한다. 호흡만 염두에 둔다면 다른 생각이 들어오는 것을 막을 수 있고, 그 과정을 통해 명상으로 편안한 상태가 되는 효과를 얻을 수 있다.

심호흡과 달리 명상은 5~10분 가량의 시간이 필요하므로 바쁜 사람은 자주 실천하기 어렵다. 따라서 필수적으로 권장하지는 않지만 시간이 있으면 실천해 볼 것을 권한다.

다시 말해 명상할 때의 요령은 일단 호흡에 집중하는 것이다. 그러면 잡념이 생기기 어려워지므로 편안한 상태를 유지할 수 있다.

명상은 가능하면 일정한 시간을 정해 놓고 하는 것이 좋다. 매일 아침 세수하고 나서 10분간, 혹은 매일 잠자리에 들기 전 10분간 명상을 지속해 보라. 5, 3, 8초 심호흡과는 비교할 수 없는 내면의 변화를 느낄 수 있을 것이다.

시야를 넓히는 눈 운동

자세와 호흡에 신경을 쓴 후에 고려해야 할 부분은 바로 눈이다. 효과적으로 눈 운동을 하는 것은 집중력을 기르는 데 도움이 된다.

나는 종종 건설업체로부터 안전을 위한 강연을 의뢰받곤 한다. 건축이나 건설 회사에서 나에게 집중력 강연을 의뢰하는 이유는 무엇일까? 바로 안전 때문이다. 건설 현장에서는 집중력이 떨어지면 커다란 사고로 이어질 수 있다. '집중력의 지속'이라는 주제는 그런 회사의 입장에서 매우 중요하며 어떤 의미에서는 사활이 걸린 문제이기도 하다.

사람은 긴장하면 시야가 좁아지기 쉽다. 운전할 때를 생각해 보면 된다. 운전을 할 때는 전방은 물론 양옆, 그리고 뒤까지 두루 살펴보며 해야 한다. 그러나 초보 운전자들은 그렇게 사방을 살펴보지 못한다. 긴장하고 있기 때문이다. 어깨에 힘이 잔뜩 들어간 상태로 앞을 주시하는 것만도 벅차한다. 그것도 앞쪽을 광범위하게 보는 것이 아니라 자신이 달리는 차선의 앞만 겨우 볼 수 있을 뿐이다. 다른 쪽을 살펴봐야만 한다고 아무리 말해도 긴장 때문에 시야가 확장되지 않는다.

학생 중에는 시험 때마다 긴장하는 아이들이 있다. 분명히 보통 때는 잘 푸는 문제인데 막상 시험날이 되면 아는 문제도 틀린다. 긴장 때문에 시야가 좁아져 제대로 문제를 인식하지 못하기 때문이다.

이런 긴장감을 풀어 주기 위해서는 시야를 넓혀 줘야 한다. 긴장으로 좁아진 시야를 넓히는 훈련을 하면 전체적인 모습을 볼 수 있으므로 편안한 상태가 될 수 있다.

시야를 넓힐 때
주의할 점

시야를 넓히기 위해서는 다음과 같은 방법을 사용하자.

먼저 양손의 엄지손가락을 세워 얼굴 앞에 둔다. 그다음 오른손 엄지손가락의 손톱에 두 눈의 시야를 맞춘다. 오른손 손톱에 두 눈의 시야를 맞춘 채 손가락을 천천히 오른쪽으로 이동해서 더는 손톱이 보이지 않는 지점까지 간 뒤 손을 멈춘다.

그다음에는 시점을 왼손 엄지손가락의 손톱에 맞추고 왼쪽 엄지손가락을 왼쪽으로 천천히 이동한다. 오른손과 마찬가지로 더는 손톱이 보이지 않는 지점까지 간 뒤 왼손을 멈춘다. 이

양손의 엄지손가락을 세워
얼굴 앞에 둔다.

오른손 엄지손가락의 손톱에
두 눈의 시점을 맞춘다.

손가락을 천천히 오른쪽으로 이동해서
손톱이 보이지 않는 지점에서 멈춘다.

마찬가지로 두 눈의 시점을
왼손 엄지손가락 손톱에 맞추고
왼손을 천천히 왼쪽으로 이동해서
손톱이 보이지 않는 지점에서 멈춘다.

**좌우 두 번씩 실행하면 긴장이 풀리고 편안한 상태가 된다.
머리와 얼굴을 고정해서 하지 않으면 효과가 떨어지므로 주의한다.**

운동을 좌우 두 번씩 실행한다. 그러면 안구의 안쪽 근육이 늘

어나서 시야가 한층 넓어지는 것을 실감할 수 있다. 즉 강제적

으로 눈 운동을 실시하는 것이다.

좁아진 시야가 넓어지면 긴장이 풀어지고 그만큼 편안해진다. 이 연습에서 주의할 점은 머리와 얼굴을 고정하고 절대로 움직이지 않는 것이다. 손가락을 오른쪽으로 이동하면서 동시에 얼굴도 오른쪽으로 움직이면 눈 운동이 되지 않는다.

이 연습의 주안점은 눈동자를 움직여 시야를 넓히는 데 있으므로 얼굴을 고정하고 눈만 확실히 움직이는 것을 실감하면서 훈련해야 한다. 참고로 눈 운동에 관해서는 안구를 움직이는 속도를 올리는 훈련도 있는데 이것은 제4장에서 소개할 예정이다.

인생을 바꾸는
집중의 기술

이제까지 편안한 상태가 되기 위한 방법을 살펴보았다. 전부 책상에서 간단히 실천할 수 있는 것들이다. 어려운 방법도 없다. 그냥 지금 앉은 자리에서 바로 시작할 수 있는 것이다.

여러 번 설명했다시피 집중하기 위해서는 반드시 몸이 편안한 상태가 되어야 한다. 편안한 상태와 집중의 관계는 상관관계가 높아서 편안한 상태를 유지할수록 집중력도 높아진다. 한 지점에 집중하기 위해서는 우선 편안한 상태로 힘을 과도하게 넣지 않는 것이 중요하다.

편안한 상태를 만드는 방법으로 자리에 앉아 허리를 꼿꼿이 펴는 자세를 만들고, 마이너스×마이너스=플러스법 동작, 5, 3, 8초 심호흡, 명상, 눈 운동을 할 것을 권했다. 이 중에서 자세 만드는 법은 필수적이다. 책상에 앉으면 가장 먼저 자세를 잡도록 하자.

나는 강연할 때마다 매번 수백 명의 사람이 모두 함께 자세를 바로잡도록 한다. 그리고 몸의 자세뿐 아니라 내 이야기를 집중해서 들을 수 있도록 마음의 자세까지 고칠 수 있게 한다. 그러면 강연장 전체에 처음과는 다른 상쾌하고 활기찬 기운이 감돈다.

학교 선생님들을 상대로 강의를 한 적이 있는데 한 선생님이 이제 자신은 아이들에게 수업 전에 반드시 자세를 바로잡는 동작을 하도록 가르친다고 했다.

자세 만들기 이외의 다른 방법들은 시간과 장소, 혹은 자신의 기호에 따라 골라서 실천하기 바란다.

편안한 상태가 되었다면 다음은 본격적인 집중의 기술로 들어갈 차례다. 편안한 상태에서 집중 상태로 들어가려면 어떻게 해야 할까? 이제 그 구체적인 방법을 살펴보자.

책상 앞에 앉아
곧바로 집중하는 기술

집중하려면
시선을 모아라

몸과 마음이 편안한 상태가 되었다면 이제는 집중 상태로 들어갈 차례다. 편안한 상태는, 말하자면 집중으로 들어가기 위한 밑바탕이라고 할 수 있다. 물론 편안한 상태가 되었다고 해서 반드시 집중할 수 있는 것은 아니다. 집중하려면 그에 알맞은 기술이 필요하다. 그럼 어떻게 해야 집중할 수 있을까? **자신 안에 잠들어 있는 집중력을 순간적으로 이끌어 낼 특별한 방법이 있을까?**

10년간 다양한 사람들에게 집중력에 관해 강의를 하면서 효과를 확인한 기술들이 있다. 이 방법들을 활용하면 집중력을 높인 상태에서 업무나 공부에 몰입할 수 있다.

우리는 흔히 '시선이 불안정하다'라는 말을 하곤 한다. 이는 인간의 어떤 심리 상태를 나타내는 말일까? 안절부절못하고 진정되지 않으며, 어떻게 해야 할지 몰라서 불안한 상태, 마음을 다잡지 못하고 방황하는 상태가 아닐까? 이런 상태는 전부 집중과 동떨어져 있는 상태다. 시선이 불안정한 까닭은 집중하지 못하고 마음이 흔들리기 때문이다. 마음이 진정되지 않으므로 시선이 이리저리 방황한다. 이렇게 인간의 심리 상태는 눈에 여실히 드러난다.

그렇다면 무언가에 집중하려면 시선을 어떤 상태로 하면 좋을까? 맞다. 바로 **시선이 불안정한 상태와 정반대의 상태를 만들면 된다.** 즉 무언가에 집중하고 싶다면 시선이 불안정하지 않도록 한 점에 모아야 한다. 시선을 한 점에 모으면 스스로 집중 상태를 만들 수 있다.

집중을 못하는 사람들의
공통점

교육업체를 운영하면서 나는 공부를 잘하는 학생들도 많이 봤지만 공부를 잘하지 못하는 학생들도 많이 봤다. 그리고 공부를 잘하지 못하는 아이들에게서 한 가지 공통점을 발견했다. 그것은 바로 칠판을 제대로 보지 않는다는 것이었다. 시선이 칠판을 향하고는 있는데 실제로는 칠판을 보고 있지 않은 기현상이 벌어지는 것이다.

가령 내가 칠판에 어떤 문장을 쓰고 설명해도 집중하지 못하는 아이는 시선이 불안정하기에 얼핏 앞을 보고 있는 듯해도 실은 전혀 보지 않는 것이다. 칠판에 쓰인 내용을 전혀 보고 있지 않고 내가 이야기하는 내용도 귀담아듣지 않는다.

'이런 아이들을 공부에 집중하게 하려면 어떻게 해야 할까?'

그런 생각을 거듭하고 시행착오를 거치며 나는 '집중력 카드'를 이용해서 시선을 한 점에 고정시키는 방법을 고안해 냈다. 카드를 이용해서 시선을 한 점에 모은 뒤 공부에 집중하도록 유도하는 방법이었다.

카드의 효과는 절대적이었다. 카드를 사용하고 나자 그때까지 공부에 집중하지 못했던 아이가 갑자기 집중을 하거나 성적이 향상되는 상황을 자주 목격했다.

지금은 아이들뿐 아니라 어른들에게도 집중력 카드를 사용하게 해서 호평을 받고 있다. 이 책의 부록으로 넣은 집중력 카드는 미즈노에서 운동선수들의 집중력 훈련 방법을 연구하면서 자체적으로 개발한 것이다.

"시선을 한 점에 집중하는 것이 왜 중요한지는 알겠어요. 하지만 무언가에 집중하는 데 다른 감각은 생각하지 않아도 되나요? 예를 들어 무언가를 듣는 일, 즉 청각을 이용해서 집중하는 방법은 안 되는 건가요?"

이런 질문도 가능하다. 하지만 인간은 정보 수집의 약 80퍼센트를 눈에 의존한다고 한다. 인간의 뇌는 외부에서 오는 정보나 자극을 시각, 촉각, 후각, 미각, 청각의 오감으로 받아들이는데, 그중 약 80퍼센트를 시각으로 받아들인다는 것이다. 즉 외부에서 오는 정보나 자극을 수신하는 데 가장 중요한 역할을 하는 것은 시각이므로 우선 시선을 한 점에 모으는 일이 집중력을 높이는 방법으로 가장 효과적이다.

물론 시각이 정보 수집의 80퍼센트를 담당한다고 해서 그 외의 감각은 어떻게 되어도 좋다는 뜻은 아니다. 책의 뒷부분에서는 시각뿐 아니라 촉각, 후각, 미각, 청각을 이용해서 집중력을 향상시키는 기술을 설명할 것이다.

그런데 앞서 이야기했듯이 집중력을 높이는 방법으로 가장 효과적인 것은 시각을 이용한 방법이다. 따라서 먼저 집중력 카드를 사용하는 방법을 익히도록 하자.

집중력 카드가
결과를 바꾼다

이 책의 맨 뒤에는 '집중력 카드'가 있다. 그 카드를 잘라 준비해 보자.

카드를 놓고 일단 앞서 소개했던 마이너스×마이너스=플러스법으로 긴장을 풀자. 그리고 나서 5초, 3초, 8초 심호흡을 3회 실시하자. 심호흡으로 편안한 상태가 되면 집중력 카드를 들고 카드의 중심에 있는 작은 점에 초점을 맞추고 20초간 바라본다.

그리고 천천히 눈을 감는다. 그러면 중심에 점이 있는 다이아몬드의 잔상이 눈꺼풀 안에 떠오를 것이다. 잔상의 색과 형태를 확인하면서 완전히 사라질 때까지 눈을 감고 있는다. 그리고 잔상이 사라지면 천천히 눈을 뜬다.

집중력 카드 사용법

5, 3, 8 심호흡을 3회 실시한다.

⬇

카드의 중심에 있는 점에 초점을 맞추고 20초간 바라본다.

⬇

천천히 눈을 감는다.
(중심에 점이 있는 다이아몬드 잔상이 떠오른다.)

⬇

잔상이 사라지면 천천히 눈을 뜬다.

⬇

지금 해야 할 일을 시작한다.

이 흐름대로 집중력 카드를 사용한 후에 해야 할 일을 시작하면 된다.

집중력 카드를 처음 만들 때는 다이아몬드 모양 외에 하트, 스페이드 등 온갖 모양으로 실험을 했었다. 그런데 오랜 시간 동안 여러 번 실험을 거듭하면서 사람들에게 잔상이 남기 쉬운 모양이 다이아몬드라는 것을 발견했다. 그리고 사람들에게 이 방법을 가르쳐 주면서 카드 안에 이런 염원도 담았다. '우리는 모두 다이아몬드 원석과 같은 사람이다. 우리 안에는 아직 캐내지 못한 대단한 능력이 잠들어 있다. 갈고닦으면 반드시 빛날 것이다.'

카드 위에 쓰여 있는 'Believe in the diamond in myself. I can do anything!'(나는 내 안에 있는 다이아몬드를 믿는다. 나는 할 수 있다!)이라는 영문은 직장인, 운동선수, 시험을 앞둔 수험생들에게 자신감을 주기 위한 일종의 어퍼메이션affirmation(자기 암시를 위한 문구)이다.

또한 다이아몬드가 파란색이고 바탕이 노란색인 것도 의미가 있다. 파란색과 노란색은 서로 보색 관계이고 함께 사용하면 잔상이 남기 쉬운 특징이 있다. 예를 들어 거리에 있는 신호등을 떠올려 보자. 적색 신호와 녹색 신호는 보색 관계이다. 신호등에 보색이 이용되는 이유도 잔상이 남기 쉽기 때문이다.

얼핏 특별한 것이 없는 카드처럼 보여도 그 속에는 나름대로의 염원과 연구가 담겨 있는 것이다.

잔상은 집중 상태를 알려 주는 척도

"분명 카드 정중앙의 점을 20초 동안 바라보고 눈을 감으면 눈꺼풀에 다이아몬드 모양의 잔상이 떠올라요. 하지만 그것이 집중력과 무슨 관계가 있죠?"

많은 사람들이 처음에는 이런 의문을 품는다. 사실 이런 카드를 사용하는 방법은 잔상 집중법이라고 해서 스포츠계에서 종종 사용하는 방법이다. 내가 경험해 본 바로는 **잔상을 오랜 시간 남기는 사람일수록 집중력이 높았다**. 그러면 잔상을 길게 남기는 사람과 바로 잔상이 사라지는 사람 사이의 차이는 무엇일까?

집중력 카드를 보고 다이아몬드의 잔상을 길게 남기는 사람은 20초간 카드 정중앙의 점에 시선을 집중했다는 뜻이다. 반대로 집중력이 없는 사람은 의식적이든 무의식적이든 시선이 방황하게 되어 있다. 즉, 정중앙의 점에 시선을 집중하는 힘(응시력)이 약하다. 따라서 눈꺼풀을 닫았을 때 다이아몬드 모양의 잔상이 남기 어렵다. 또한 그사이 잡념이 떠오르기도 하는데, 그 생각에 사로잡히면 단시간에 잔상이 사라져 버리는 경향이 있다. 즉, 잔상 시간이 긴 사람일수록 잡념에 사로잡히지 않고 잔상을 편안하게 볼 수 있다는 뜻이다.

이 현상은 명상과 통하는 부분이 있어서, 내가 지도했던 학생들이나 사회인들은 이 집중력 카드를 사용한 후 마음을 진정시키고 눈앞의 해야 할 일에 집중하는 결과를 얻었다. 다이아몬드의 잔상이 남는 시간은 '얼마나 집중하고 있는가?'를 나타내는 하나의 척도가 된다.

집중력 카드의
일석이조 효과

집중력 카드에는 두 가지 사용법이 있다. 하나는 **집중력을 강화하는 훈련으로 사용하는 방법**이고, 다른 하나는 **책상 앞에 앉아 이제부터 집중하려고 할 때 하는 습관적인 동작, 바로 루틴으로 사용하는 방법**이다. 순서대로 살펴보자.

먼저 훈련으로 사용하는 경우다. 하루에 세 번 정도 카드의 점을 20초간 바라본 뒤 눈을 감고 눈꺼풀에 몇 초간 잔상이 남는지 잰다. 언제 어디서 하든 상관없으므로 시간이 있을 때마다 해본다.

잔상을 남기는 기준은 대부분 60초다. 수년 동안 여러 가지 실험을 통해 데이터를 모은 결과, 공부를 잘하는 학생들은 90초 정도 잔상을 남기는 경향이 있었다. 올림픽에 출전하는 국가대표 선수들의 경우 2분 이상 잔상을 남기는 사람도 있었다. 그러나 초심자의 경우 먼저 60초를 목표로 하기 바란다. 처음에는 20초 정도밖에 잔상을 남기지 못할 수도 있지만 매일 반복하면 서서히 시간이 늘어가는 것을 실감할 수 있다.

또한 훈련을 할 때는 반드시 체크표를 만들자. 체크표에는 **훈련을 실행한 날짜, 잔상이 지속된 시간, 잔상이 보이는 모양, 느낌** 등을 쓴다. 가지고 있는 노트 등에 간단히 기록하기만 하면 되므로 꼭 한번 해보자. 이 훈련을 매일 반복하면 집중력이 들쑥날쑥하다는 사실을 알게 된다.

'어제는 이만큼 길게 잔상을 남겼는데 오늘은 왜 바로 사라져 버렸을까?'

이렇게 느끼는 날도 있다. 이럴 때 체크표를 만들어 잔상이 지속된 시간, 잔상의 모양, 느낌 등을 기록해 두면 집중력을 높이는 요령을 파악할 수 있다. 만약 하루 세 번이 힘들다면 하루 한 번만 해도 무방하다. 훈련을 지속하는 일이 바로 잔상 시간을 늘리고 집중력을 높이는 비결이다.

월/일	시간(초)	잔상의 모양, 느낌 등
2/20	35	오늘은 잔상이 선명히 보였다.
2/21	20	잔상이 사라져 가는 과정에서 다시 마름모가 떠올랐다.
⋮	⋮	⋮

체크표에 쓸 것

① 훈련을 한 날짜

② 잔상이 지속된 시간

③ 잔상의 모양, 느낌 등

공부하기 전에
습관처럼 쓰는 카드

집중력 카드를 집중에 들어가기 위한 루틴으로 사용하는 방법도 있다. 이것이야말로 책상 앞에 앉아 곧바로 집중하는 비결이기도 하다. 책상 앞에서 "자, 이제부터 집중해 볼까?"라고 할 때 반드시 이 카드를 습관적으로 사용해 보자.

공부하기 전에 먼저 자세를 바르게 하고 심호흡을 하거나 마이너스×마이너스=플러스법 등으로 편안한 상태를 만드는 것이 좋다. 그리고 편안한 상태가 되었다면 집중력 카드를 사용해서 시선을 한 지점에 집중하고 눈을 감는다. 잔상을 확인하고 그것이 완전히 사라지면 공부를 시작하도록 한다. 수험생뿐 아니라 일반인도 같은 과정을 거친다.

이런 흐름은 아이든 어른이든 똑같다. 집중력을 높이는 노하우에서 이 흐름은 필수다. 이 과정 중에 만약 '오늘은 잔상 시간이 짧네'라고 느껴지면 5, 3, 8초 심호흡이나 마이너스×마이너스=플러스법 등의 편안한 상태가 되는 방법을 다시 실행하고 한 번 더 집중력 카드를 바라보는 것도 좋다.

잔상 시간이 짧은 것은 자신이 편안한 상태가 아니라는 확실한 증거이므로 그대로 업무에 돌입하면 집중력이 부족한 상태에서 시간만 허비할 수도 있다. 이럴 경우 차라리 집중하는 데 몇 분을 더 쓰는 것이 훨씬 효율적이다.

이 카드는 매일 주머니나 수첩에 넣고 다니면서 시간이 날 때마다 수시로 활용하는 것이 좋다. 집이나 사무실은 물론 혼자서 편안한 상태가 될 만한 환경이면 어디서든 차분하게 훈련할 수 있다.

집중력 카드로 확실히 잔상을 남긴 다음 업무나 공부를 시작하면 분명히 몰입도가 달라진다. 당연히 그 속도나 결과물의 질 역시 이전과는 확연히 달라질 것이다.

첫 다섯 글자는
1초씩 읽기

책상에서 공부나 업무를 시작할 때 실행하면 집중 효과가 있는 또 다른 방법은 문장을 읽을 때 처음 다섯 글자만은 한 글자에 1초씩 초점을 맞춰 시선을 고정하는 방법이다. 만약 '나는 형이다'라는 문장이 있다면 '나, 는, 형, 이, 다'라고 한 글자에 1초씩 초점을 맞춘다. 학생들을 가르칠 때는 "자, 시작하자."라고 내가 시작 신호를 하면 아이들이 각각 묵독으로 이 과정을 실행했다. 그리고 난 뒤에 공부를 시작했다.

이런 과정은 왜 필요할까? 집중력 카드를 설명할 때도 말했듯이 공부에 집중하지 못하는 아이는 시선이 앞을 향한 듯해도 실은 앞을 보고 있는 것이 아니다. 즉 봐야 할 대상에서 초점이 빗나가는 경향이 있다. 그럼 초점을 맞추려면 어떻게 해야 할까? 바로 그것을 위한 수단이 집중력 카드와 지금 소개한 한 글자씩 초점을 맞추어 천천히 읽는 방법이다.

따라서 이 방법은 집중력 카드를 보완하는 작업이라고 할 수 있다. 하지만 이 연습을 습관적으로 하다 보면 문장을 읽는 속도가 올라가고 문장의 내용이 머릿속에 훨씬 잘 들어오게 된다.

이 방법은 누구나 간단히 할 수 있는 것이다. 책상에 앉아서 일을 시작하거나 공부를 시작하려고 할 때 앞에 놓인 문장의 맨 처음 다섯 글자에 한 글자당 1초씩 초점을 맞춰 보자. 업무나 공부를 시작하기 전에 이렇게 잠깐 천천히, 정확하게 읽는 것만으로도 집중도가 이전과는 확연히 달라진다. 간단히 할 수 있는 방법이므로 실천해 보기 바란다.

집중력 카드가 없을 때는 손에 있는 점으로

집중을 해야 하는데 만약 집중력 카드를 가지고 있지 않다면 어떻게 해야 할까?

일단은 시선을 한 점에 모으는 연습을 한다. 자신의 손 어딘가에 있는 점을 찾아 시선을 모으는 것도 좋은 방법이다. 또는 손바닥에 펜으로 점을 찍어서 보는 것도 좋다. 내가 집중력 세미나를 진행한 한 고등학교 배구팀은 현재 뛰어난 실력을 자랑하고 있는데 비결은 간단하다. 이 팀은 시합 중간의 휴식 시간마다 각자 자신의 손에 있는 점에 시선을 집중해서 공으로 향하는 집중을 유지한다.

평소에는 문제를 풀 때 실수를 하지 않는데 중요한 시험 때마다 실수를 해서 좋은 점수를 받지 못한 수험생이 있었다. 그 원인은 긴장한 탓에 집중력이 떨어졌기 때문이다. 나는 이 수험생을 집중 지도했는데, 손에 점을 찍고 문제를 풀 때마다 한 번씩 그 점을 응시하게 했다. 예를 들어 수학 문제가 다섯 개라면 한 문제를 풀 때마다 한 번씩 손에 있는 점에 눈의 초점을 맞추도록 했다. 그리고 이 동작을 루틴으로 할 수 있도록 지도했다. 그러자 놀랍게도 실수가 많던 그 학생이 제 실력을 발휘하게 되었다.

또한 내 강의를 들었던 한 공무원은 이런 소식을 들려 줬다.

"연말에는 매일 밤 열한 시 무렵까지 야근이 이어집니다. 피곤하니 업무 몰입도도 떨어지고 속도도 안 나지요. 초조한 상태로 보냅니다. 그런데 업무를 하나씩 끝낼 때마다 손에 있는 점에 5초 정도 시선을 고정하는 버릇을 들이자 마음이 진정되고 업무에 집중하게 되었어요."

집중력 카드가 주변에 없을 때는 이렇게 실제 자신의 손에 있는 점이나 종이에 점을 찍고 봐도 상관없다. 어느 쪽이든 일단 시선을 한 점에 집중하는 일이 중요하다.

테니스 공을
겹쳐 쌓을 수 있는가?

집중력 카드는 주로 시각을 이용한 집중법이다. 다음으로 소개하고 싶은 것은 시각에 촉각을 더한 방법이다. 바로 **테니스 공을 두 개 쌓는 작업이다.**

이 방법은 집중력 카드와 마찬가지로 집중력 강화뿐 아니라 집중하기 전의 루틴으로도 매우 유용하다. 사실 단순히 공을 두 개 겹쳐서 쌓는 것이 전부인 훈련법이다. 하지만 초심자는 좀처럼 공을 쌓기 어렵다.

공을 쌓지 못하는 까닭은 공에 눈의 초점이 맞지 않기 때문이다. 공을 두 개 쌓으려면 우선 공의 정보를 눈으로 확실히 입수해야 한다. 공을 인지해야 비로소 그 정보와 손의 감각, 즉 촉각을 합치는 작업에 들어갈 수 있다. 공을 두 개 쌓는 작업이 제대로 되지 않는 것은 시선을 공에 집중하지 못하여 공의 정보를 정확히 입수하지 못했기 때문이다.

그러면 공에 눈의 초점을 맞추려면 어떻게 해야 할까? 내가 권하는 방법은 위쪽에 올리는 공에 유성펜 등으로 직경 5밀리미터 정도의 점을 찍는 일이다. 막연하게 공에 초점을 맞추는 것보다 작은 점을 찍고 그곳에 초점을 맞추는 편이 훨씬 수월하다.

점을 찍고 그 지점에 눈의 초점을 맞췄다면 이제는 공을 손에 들자. 그리고 찍은 점이 천장을 향하도록 하고 공을 올리는 작업에 들어간다. 점을 위에서 내려다 봤을 때 중심이 되도록 천천히 공을 올린다.

이 작업을 거쳐 공을 제대로 쌓았다면 공에 눈의 초점이 맞았다고 할 수 있다. 공에 시선을 집중한 것이다. 반면에 공을 제대로 쌓지 못했다면 눈의 초점이 공에 맞지 않은 것이다. 그러면 공에 정확히 시선을 맞추는 것부터 다시 시작할 필요가 있다. 이 방법 역시 책상 앞에 앉아 집중하기 전의 루틴으로도

포인트①
공의 정보를 눈으로 확실히 파악한다.

포인트②
공에 눈의 초점을 맞춘다.

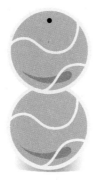

위쪽에 올리는 공에 유성펜 등으로 직경 5밀리미터의 점을 찍고 그 점이 천장을 향하는 모습으로 공을 올리면 쌓기 쉽다.

사용할 수 있다.

만약 이를 집중력 강화 훈련으로 실행하고자 한다면 1회에 다섯 번 정도를 목표로 하자. 1분 동안 다섯 번 정도 공을 쌓는 것을 기준으로 삼는 것이다. 내 경험상 빠르게 공을 쌓을 수 있는 사람은 두뇌 회전이 빠르고 집중 상태에 들어가기까지의 시간이 짧은 사람이다.

1분 동안 다섯 번이면 한 번에 걸리는 시간은 약 10초가 된다. 이때 공을 쌓으면 일단 2초간 정지하자. 그다음 위의 공을 아래에 두고 아래의 공을 손에 드는 식으로 위아래를 바꿔 공을 쌓는다. 이 작업을 1분 동안 다섯 번 반복한다.

처음에는 양손으로 해도 상관없지만, 익숙해지면 오른손 또는 왼손 하나씩만 쓰는 식으로 응용할 수도 있다. 맨 처음에는 난관에 부딪힐 수도 있지만 꾸준히 시도해 보자. 익숙해지면 무의식적으로 공에 초점을 맞추게 되어 손의 감촉만으로도 공을 쌓을 수 있다.

공 쌓기도
집중의 기술

　공 쌓기를 집중하기 전의 루틴으로 실행할 때는 공을 쌓고 난 뒤 그 상태가 지속되는 시간이 중요하다. 가르치다 보니 이 것 역시 집중이 길게 지속되지 않는 사람은 공을 쌓는 데 성공 해도 공이 바로 떨어져 버리는 경향이 있었다.

　반면 집중력이 길게 지속되는 사람은 시간이 한참 지나도 공이 아래로 떨어지지 않는다. 즉 공을 쌓았을 때의 지속 시간 은 그대로 집중력의 지속 시간과 직결된다. 집중력 카드를 썼을 때 집중력이 높은 사람일수록 다이아몬드의 잔상이 오래 남는 것과 같은 이치다. 따라서 루틴으로 실행하는 경우에는 반드시 공의 지속 시간에 주목하자. 대체로 1분이 기준이 된다.

시간이 길면 길수록 안정적으로 공을 쌓았다는 뜻이 되며, 업무나 공부에 오랜 시간 깊이 있게 집중할 수 있다는 의미다. 다시 말해 성공적으로 공을 쌓았다면 눈의 초점이 공에 맞았다는 것이다. 그러면 눈앞의 과제에 확실히 집중하고 있다는 뜻이므로 그 상태로 업무나 공부를 시작하자. 평상시보다 빠르고 깊게 집중하는 자신을 느낄 수 있을 것이다.

성공했다면
승리의 포즈를!

공을 쌓는 데 성공했다면 승리의 포즈를 취해 보자. 초등학생이나 중학생을 지도해 보면 '집중력이 없다=성공 체험이 없다'는 느낌을 자주 받는다. 성공에 대한 체험이 없으면 무슨 일을 해도 '어차피 불가능해'라는 식으로 처음부터 포기해 버리는 경우가 많다. 이렇게 되면 당연히 집중력을 발휘하는 데도 문제가 생긴다. 따라서 그런 학생들에게는 먼저 작은 성공 체험을 갖게 해주는 것이 중요한데, 테니스 공을 두 개 쌓는 훈련은 작은 성공 체험으로서 가장 적당하다.

이 훈련이 무엇보다도 훌륭한 점은 집중하고 있는지 집중하지 못하는지가 확실히 눈에 보인다는 것이다. 사실 집중을 하고 있는지 그렇지 않은지는 객관적으로 평가하기 어려운 부분이다. 하지만 테니스 공을 쌓는 훈련은 '공을 쌓았다=집중하고 있다', '공을 쌓지 못했다=집중하지 못한다'는 것을 아이의 눈으로 봐도 확실히 알 수 있다.

그렇기 때문에 아이들에게 이 훈련을 시킬 때는 성공하면 반드시 승리의 포즈를 취하라고 한다. 승리의 포즈를 취하는 것은 '하면 된다!'라는 자신감을 머리와 몸 모두에 각인하는 효과를 불러일으킨다. 이러한 자신감은 자연스레 집중력 강화로 이어진다. 특히 초등학생 중에 공부, 스포츠, 친구 관계에서 자신감이 없던 아이들이 불가능해 보였던 공 쌓기에 성공하는 체험을 하고 난 뒤 갑자기 적극적으로 공부를 하거나 눈에 생기가 돌고 웃음이 늘어나는 일이 많이 있었다. 하나의 성공 경험이 다른 것으로 이동한 것이다.

내 집중력 세미나를 들었던 한 영업사원은 출근 전에 집에서 공 쌓기를 한다고 한다. 또 다른 회사원은 책상 서랍에 테니스 공 두 개를 놓고 중요한 프레젠테이션이나 임원진 회의에 참석하기 전에 공 쌓기를 한다고 한다. 또한 내가 연수차 방문했던 한 프랜차이즈 회사에서는 매일 아침 조회 시간에 시간을 정해서 공 쌓기를 하고 지속 시간을 측정하고 있다. 전 사원의 집중력을 높인 다음 업무를 시작하기 위해서다.

나는 이런 공 쌓기를 통한 집중련 훈련을 10년간 진행하면서 크게 두 가지 성향의 사람이 있음을 깨달았다. 공 쌓기에 성공하는 사람에게는 대개 이런 특징이 있다.

1. 일단 해보자고 생각한다.
2. 목표로 하는 이미지(공 두 개가 쌓인 것)가 떠오른다.
3. 눈앞의 대상(공)에 집중한다.
4. 착실하게 실천한다.

반면에 공 쌓기가 잘 안 되는 성향의 사람들은 이런 특징이 있다.

1. 절대로 불가능하다고 생각한다.
2. 목표로 하는 이미지(공 두 개가 쌓인 것)가 떠오르지 않는다.
3. 눈앞의 대상(공)에 집중하지 못한다.
4. 착실하게 실천하지 않는다.

단순한 공 쌓기지만, 이런 점을 보면 처음 도전하는 업무나 과제에 몰두하는 과정과 비슷하다고 볼 수 있다. 처음 진행하는 업무의 경우 어렵게 느껴지고 또 달성이 불가능하게 생각되기도 한다. 그러나 포기하지 않고 나아가다 보면 성공의 희열을 맛볼 수 있다. 공 쌓기도 그렇게 생각할 수 있다.

공을 두 개 쌓는 작업에 익숙해지면 공을 세 개로 늘려도 된다. 세 개의 공을 쌓는 일은 꽤 어렵지만 만약 성공한다면 자신의 집중력이 상당히 높아졌다는 증거가 된다. 주변에 테니스 공만 있으면 책상 위에서 간단히 실천할 수 있으므로 집중력 훈련과 집중하기 전의 루틴으로 꼭 실천해 보기 바란다.

오감을 모아서
집중하기

기본적으로 집중력 카드만 사용한 다음에 업무나 공부에 돌입해도 되지만 사실 이외에도 집중력을 높이는 방법은 다양하다. 오감 중에 80퍼센트의 정보 처리는 시각이 담당한다는 얘기는 시각만이 중요하다는 의미는 아니다. 집중력은 말하자면 오감을 한 지점에 모으는 힘이며 각각의 능력이 높아지면 당연히 전체적인 집중력도 높아지기 때문이다.

프로야구선수들은 한 해 동안 버틸 수 있는 체력을 기르기 위해 매년 2월이나 3월에 전지훈련을 실시한다. 한 번은 전지

훈련 때 이치로 선수와 기자들 사이에 이런 대화가 오갔다.

"이치로 씨, 몸 상태는 어떠세요?"

"글쎄요. 아직 눈으로 공을 보는 수준이에요. 공을 확실히 느끼지는 못하고 있어요."

이게 대체 무슨 뜻일까? 나는 이치로 선수의 대답을 통해서 그가 오감을 통해 공을 느끼고자 한다는 것을 알 수 있었다. 눈으로 공을 보는 것에서 그치지 않고 몸의 모든 신경이 공에 집중될 수 있는 때를 기다린다는 것이다. 아마도 이치로 선수는 공을 시각적으로만 파악해서는 제대로 된 타격을 할 수 없다고 생각하는 듯하다. 배트로 원하는 지점을 정확하게 타격하기 위해서는 시각, 청각, 촉각 등으로 느껴야 한다는 것이다.

이 책의 부록인 집중력 카드로 하는 집중법은 주로 시각을 한 점에 모아서 집중 상태를 만들어 내는 방법이다. 이 방법은 가장 많은 사람들이 손쉽게 따라 할 수 있는 방법이지만 이외에도 촉각, 후각, 미각, 청각이라는 다양한 감각을 자극하면서 집중 상태에 들어가는 방법이 있다. 시각으로 집중 상태에 들어가는 것에 익숙해졌다면 다른 감각들을 사용해서 집중하기 전의 루틴으로 사용하는 것도 좋을 것이다.

세 가지 소리를 찾으면
집중력이 생긴다

청각을 이용해서 집중력을 높이는 방법도 있다. 학생들을 가르치다 보면 아이들이 지겨워하는 순간을 경험하게 된다. 몇 시간 동안 집중력을 유지할 수는 없기 때문이다. 책상 앞에 가만히 앉아서 공부를 하다 보면 자연스레 아이들의 집중력이 떨어지는 순간이 온다.

그럴 때 나는 아이들의 감각을 되돌리고 다시 공부에 집중하도록 하기 위해 다음과 같은 방법을 썼다. 일단 먼저 수업을 멈추고 아이들을 모두 바닥에 앉게 한다. 그리고 이렇게 말한다.

"눈을 감아. 그리고 들려 오는 소리를 세 가지 찾아보자. 다 찾은 사람은 손을 들어."

그러면 아이들이 대답한다.

"선생님, 밖에서 아이들 떠드는 소리가 들려요."

"트럭 소리가 들리는데요."

"어디서 화장실 물 내려가는 소리도 들려요."

이렇게 하고 난 뒤에 공부를 다시 시작하면 아이들은 금세 공부에 집중하게 되었다. 이것은 어떤 의미일까?

눈을 감는 것은 시각적인 정보를 전부 차단하고 소리의 정보, 즉 청각적인 정보에만 집중하기 위함이다. 시각 장애인은 일반인들보다 청각과 촉각이 뛰어나게 발달해 있다. 시각에서 취할 수 없는 정보를 보완하도록 다른 감각이 예민해지기 때문이다.

이와 마찬가지로 **시각적인 정보를 의식적으로 차단하면 다른 감각에 더욱 집중할 수 있다.** 시험 삼아 눈을 감고 소리에 집중해 보자. 종이가 서걱거리는 소리, 에어컨이 돌아가는 소리, 창문 밖의 바람 소리, 멀리서 울리는 자동차 경적 등 눈을 뜨고 있을 때는 몰랐던 다양한 소리를 들을 수 있다.

먼저 이런 소리를 찾는 일에 집중하고 그중에서 세 가지를 골라 보자. 그리고 천천히 눈을 뜬다. 그때 우리는 청각에 의식을 집중하여 집중력이 높아진 상태가 된다. 눈을 뜨고 그대로 업무나 공부 등 지금 해야 할 일에 집중하자. 기분이 전환되어 더욱 깊은 집중 상태로 들어갈 수 있다.

세 가지가 아니라 네 가지 소리를 찾아도 좋다. 청각을 통한 집중력 훈련을 하다 보니 한두 가지는 너무 적다는 생각이 들었다. 서너 가지 정도의 소리를 찾는 것이 가장 적당했다. 그런데 다섯 가지나 여섯 가지 소리를 찾으라고 하면 아이들이 "소리를 찾기가 어려워요."라고 한다. 그리고는 더 찾는 것을 포기해 버려서 오히려 집중력을 떨어뜨리는 일이 종종 있었다. 따라서 나는 세 가지 소리가 가장 적당하다고 생각한다.

아이들을 가르칠 때는 아예 의자에서 일어나 바닥에 앉고 기분을 전환하는 상태를 만들었지만 이 방법은 집이나 사무실에서도 간단히 실행할 수 있다. 가령 중요한 전화를 걸 때, 계약 메일을 쓸 때, 기획서를 작성할 때, 실수가 있으면 안 되는 계산 작업을 할 때, 업무가 과도하게 많아서 초조함에 진정되지 않을 때, 클레임을 받은 뒤 기분을 진정시키고 싶을 때 등 업무나 공부를 시작하기 전의 루틴으로 사용한다면 좋은 효과를 얻을 수 있을 것이다.

집중에 도움을 주는 소리의 효과

청각을 이용하는 방법에는 소리를 찾는 것 이외에 음악을 활용하는 방법도 있다. 그런데 "집중하기 위해 음악을 활용하자."라고 말하면 "음악은 집중에 방해밖에 되지 않는다."라며 거부 반응을 보이는 사람도 있다.

그런 사람은 어쩌면 어린 시절 음악을 듣거나 텔레비전을 틀어 놓고 공부하다가 "조용히 집중해야지!"라고 혼난 적이 있었을지도 모른다. 아니면 본인이 실제로 음악을 들으며 공부하다가 집중하지 못한 경험이 있을지도 모른다.

사실 음악의 효과는 사람마다 각기 다르다. 조용한 환경이 아니면 집중하기가 어렵다는 사람이 있는가 하면 카페나 지하철같이 적당한 소음이 있는 곳에서 집중이 더욱 잘된다는 사람도 있다.

나는 기분 좋게 집중하기 위해 바이올린 연주곡을 자주 이용한다. 몇몇 예외의 경우도 있긴 하지만 연구 결과에 따르면 음악에는 일정한 집중 효과가 있다고 한다.

음악 등의 외적인 자극을 최대한 차단하면 인간의 심신에 어떤 영향이 미칠까? 미국의 심리학자인 잭 버넌Jack Vernon 팀에서 이런 것을 연구한 바가 있다. 그들은 빛과 소리가 완전히 차단되어 오감으로 가는 자극이 거의 없는 방에 학생을 머무르게 하고 그들이 어떤 행동을 취하는지 조사했다. 피험자인 학생들은 방에 들어가도 할 일이 없는 탓에 우선 잠을 잤다. 수면을 충분히 취하고 난 뒤에도 학생들은 계속 안절부절못했다.

그러다가 그들은 손을 두드리거나 노래를 부르기 시작했다. 오감에 전혀 자극이 없어서 초조해지자 스스로 자극을 만들어 내려고 한 것이다. 그러나 그런 행동을 길게 지속하지 못하고 결국 이틀 정도 지나자 포기하고 말았다. 이 실험은 인간에게 어느 정도의 외적 자극이 없으면 정신적으로 편안한 상태를 유지할 수 없다는 것을 알려 준다. 즉, 소리 등의 외부 자극은 집중하기 전 편안한 상태를 만들어 주는 데 일정한 효과가 있는 것이다.

최근에는 집중을 도와주는 소리로 빗소리가 인기를 끌고 있다. 어째서 빗소리를 들으면 집중력이 높아질까? 그 이유를 한 정신과 의사에게 물으니 이런 대답이 돌아왔다. "뇌가 빗소리를 잡음으로 여기고 차단하려고 하니까 오히려 눈앞의 일에 집중하게 되는 효과 아닐까요?"

이처럼 주변이 소란스러우면 그 소음으로부터 나를 지키려고 오히려 집중력이 높아지는 일이 종종 있다. 아마도 적당한 소음이 있는 카페 같은 곳에서 집중이 잘된다는 사람은 이런 원리로 집중을 잘하게 되는 듯하다. 음악으로 집중의 효과를 얻었던 사람은 음악을 적극적으로 활용하면 좋다. '이 음악을 틀면 집중이 잘 된다'라는 자신의 주제곡을 만들어 집중하는 루틴으로 삼아도 된다. 혹은 업무 중에 빠른 템포의 곡을 틀고 기분을 고조시켜서 적극적으로 분위기를 바꿀 수도 있다.

쿡 찌르는 향기의
놀라운 효과

집중력을 향상시키는 방법에는 후각을 이용하는 것도 있다. 집중하는 데 향기를 활용할 수 있다고 하면 아마도 아로마테라피를 떠올리는 사람이 많을 것이다. 아로마테라피로 대표되듯이 향기에 편안함을 주는 효과나 집중 효과가 있다는 사실은 널리 알려져 있다.

그렇다면 코에서 뇌로 어떻게 향기가 전달되는 것일까? 어째서 향기에 마음의 평온과 집중력을 높이는 효과가 있는 것일까?

우리가 어떤 향기를 맡으면 콧속(후강)의 윗부분에 있는 후상피라는 부분에 향기 성분이 묻게 된다. 그리고 이 향기 성분이 전기 신호로 변환되어 뇌의 대뇌변연계에 전해진다.

우리의 뇌는 크게 뇌간·척수계, 대뇌변연계, 대뇌신피질계의 세 부위로 나뉘는데 뇌간·척수계는 호흡과 체온 유지 등 생명 유지에 중요한 역할을 담당한다. 대뇌신피질계는 지각, 인지, 사고와 같은 지적 기능을 담당하고 대뇌변연계는 희로애락의 감정과 식욕, 성욕처럼 본능을 조절하는 역할을 맡고 있다.

향기 성분은 인간의 희로애락을 담당하는 대뇌변연계에 도달하는 것이다. 사실 희로애락의 감정은 본디 심리학에서 다뤄온 분야였으나 오늘날 대뇌 생리학이 발전하면서 뇌와 마음의 연관 관계가 밝혀지고 있다. 가령 뇌에 손상을 입은 사람의 인격이 바뀌었다는 사례가 다수 보고되고 있는데, 이것은 기존의 심리학으로는 설명할 수 없는 현상이었다. 그러나 최근 연구를 통해 인간의 희로애락이라는 감정은 대뇌변연계의 작용과 깊게 관련되어 있다는 사실이 밝혀졌다.

사람이 향기를 맡으면 그 성분은 전기 신호로 변환되어 희로애락의 감정을 담당하는 대뇌변연계에 전달된다. 여기에서 좋은 향기라고 판단하면 그 판단은 시상하부로 전해진다. 시상하부는 자율신경과 체온 그리고 호르몬을 조절하는 중요한 부위다. 이렇게 향기는 마음뿐 아니라 몸에도 영향을 준다.

자, 그렇다면 실제로 어떤 향기를 이용하면 좋을까? 내가 추천하는 것은 기분을 상쾌하게 하는 향기보다 조금 코를 쿡 찌르는 향기를 이용하는 방법이다. 가령 레몬이나 오렌지 등의 시트러스계, 로즈메리나 페퍼민트 등의 허브계 향기를 이용하면 좋다. 올림픽이나 세계선수권대회에 출전하는 선수들은 이런 향기 요법을 통해 집중력을 향상시킨다고 알려져 있다. 일본의 경우 역도선수나 체조선수가 이런 식의 방법을 사용한다는 기사도 보도되었다.

책상 한편에 아로마 오일 등을 놓아 두고 공부나 일을 시작하기 전에 향기를 맡아 보면 어떨까? 집중하기 전의 루틴으로 활용한다면 집중력을 높이는 데 큰 도움이 될 것이다.

틀린 그림 찾기를 하면 아이디어가 샘솟는다

집중력을 높이는 루틴으로 오감을 이용하는 방법 외에 다른 방법도 있다. 집이나 사무실 책상에서 간단히 실천할 수 있는 방법이다.

우리가 '업무'라고 부르는 것은 사실 다양한 종류로 나누어진다. 그 가운데 크게 두 가지로 나눈다면 그다지 머리를 쓰지 않아도 되는 단순 작업과 계속해서 아이디어와 생각을 짜내야 하는 작업이 있을 것이다.

성격이 다른 두 업무를 동일 선상에 놓고 비교해서는 안 된다. 인간은 단순 작업일수록 집중하기 쉬운 경향이 있기 때문이다. 반면에 기획이나 창조 활동 등 아이디어를 내야 하는 업무는 머리를 써야 하므로 시작도 하기 전에 귀찮고 또 막막한 기분이 들 가능성도 크다. 그런 마음이 들면 일의 시작과 동시에 몰입하기란 참으로 어려워진다.

그러면 머리를 써야 하는 업무에 집중하려면 어떻게 해야 할까? **업무를 시작하기 전에 먼저 단순 작업을 하면 된다.** 일단 단순 작업을 해서 집중하기 쉬운 환경을 만든 뒤에 어려운 업무에 도전한다.

내가 집중하기 위한 루틴으로 실행하는 과정이 하나 있다. 바로 엽서 한 장 쓰기이다. 나는 업무를 시작하기 전에 엽서를 한 장 쓰고 나서 일을 시작한다. 엽서를 쓰는 단순한 작업으로 집중력을 높인 상태에서 중요한 업무를 준비하는 것이다. 나에게는 엽서를 쓰는 일이 아이디어를 짜내거나 기획하는 일, 복잡한 계산이 필요한 사업 계획서를 쓰는 일 등을 하기 위한 준비 운동이다. 엽서 쓰기 이외에 틀린 그림 찾기나 한자 쓰기 연습도 괜찮은 방법이다.

간단한 것이라도 상관없다. 일단 틀린 그림 찾기나 한자 쓰기 책을 준비해 보자. 그리고 업무를 시작하기 전에 한 쪽 정도 풀어 보자. 아무것도 하지 않을 때보다 훨씬 더 업무에 집중하는 자신과 마주하게 될 것이다. 틀린 그림 찾기나 한자 쓰기 연습은 간단한 두뇌 훈련을 겸하는 일석이조의 방법이다.

일단은 단순 작업부터 시작해서 집중 상태에 들어간다. 간단하지만 집중력을 높이는 루틴으로서 효과적인 방법이다.

집중력을 높이는
To Do 리스트 작성법

집중력을 높이는 또 다른 방법으로는 To Do 리스트를 작성하는 일이 있다. 잘 알려진 대로 To Do 리스트는 지금부터 해야 할 일을 목록으로 만든 것이다. 내가 강연회에서 이 이야기를 하면 많은 사람들이 이렇게 대답한다.

"To Do 리스트요? 그건 벌써 작성하고 있지요."

많은 사람들이 다양한 양식의 To Do 리스트를 사용한다. 그 중에서 가장 효과적인 것은 무엇일까?

일반적으로 To Do 리스트에는 몇 시부터 몇 시까지 무엇을 해야 하는지를 기재한다. 가령 업무 리스트라면 '11시 30분부터 프레젠테이션 자료를 작성한다', '오후 7시까지 영업일지를 완성한다'라는 식으로 말이다. 그러나 이 방법에는 커다란 단점이 있다.

만약 11시 30분부터 프레젠테이션 자료를 작성해야 하는데 11시 25분에 거래처에서 전화가 걸려 왔다고 하자. 통화하는 데 10분 걸렸다면 프레젠테이션 자료를 작성하는 시간이 5분 줄어들게 된다. 또한 업무 상황에서는 돌발적인 사건도 일상다반사로 일어난다. 급한 업무가 들어온 경우 작업이나 준비에 쫓겨 To Do 리스트에 정해 놓은, '몇 시까지 무엇을 한다'라는 계획을 지키지 못하게 되는 경우도 자주 생긴다.

매일 우리가 정해진 일을 다 끝내지 못하는 것도 그렇게 중간중간 새롭게 생기는 일이 많기 때문이기도 하다. 이런 상황이 지속되면 당연히 To Do 리스트를 작성하는 의미가 없지 않을까? 이렇게 지키지도 못할 리스트를 만드는 것은 의미가 없다.

그래서 나는 To Do 리스트를 작성할 때 사람들에게 시각이 아니라 시간을 쓰라고 말한다. 몇 시부터 몇 시까지 무엇을 해야 하는지를 기재하는 것이 아니라 **해야 할 일과 그 일을 하**

○월 ○일 (○요일)	기획서 작성	30분
	계약서 작성	15분
	프레젠테이션 자료 작성	20분
○월 ○일 (○요일)	⋮	⋮
⋮		

시작이나 종료 시각이 아니라 몇 분간(몇 시간) 실행할 것인지 기재한다.

는 데 걸리는 시간을 기재하는 것이다.

'프레젠테이션 자료 작성 : 50분', '영업일지 작성 : 30분'과 같은 식으로 몇십 분 이내 혹은 몇 시간 이내에 일을 끝낼 것인지 정한다. 이 방법이라면 몇 시부터 몇 시까지라는 시각에 얽매이지 않아도 된다. 가령 거래처에서 급하게 전화가 걸려 온다고 해도 그 시간을 나중에 빼면 그만이므로 아무 문제가 없다.

게다가 이 방법은 틈새 시간도 효율적으로 활용할 수 있다는 장점이 있다. 갑자기 한 시간 정도 빈 시간이 생겼다면 어떻게 할까? 시간 기재 방식의 To Do 리스트는 이럴 때 효율적이다. To Do 리스트만 있으면 갑작스럽게 시간이 비어도 바로 대처할 수 있다. "앞으로 한 시간이 있으니까 20분 걸리는 업무와 40분 걸리는 업무를 해치우자."라는 식으로 틈새 시간을 제대로 활용할 수 있는 것이다.

해야 할 일을 시각화하는 편이 집중이 잘 되는 사람은 시간을 활용한다는 관점에서도 유효한 수단이므로 습관적으로 이 방법을 이용해 보자.

나만의 집중 요령을
찾아라

　시각을 이용하는 방법, 소리를 찾는 방법, 향기를 통해 집중력을 올리는 방법, To Do 리스트를 작성하는 방법까지 집중하기 전에 사용할 수 있는 다양한 루틴이 있다. '이거라면 나도 해볼 만하겠어!'라고 생각되는 것을 골라서 사용하면 된다.

　단, 어떤 방법을 쓰든 기본적인 흐름 flow 을 생각하는 것이 좋다. 우리가 책상 앞에 앉아 곧바로 집중하기 위해서는 '자세를 바르게 한다→편안한 상태→집중력 카드'라는 순서를 기억해야 한다. 이것이 가장 기본적인 흐름이다.

이것 외의 방법은 자신의 기호나 루틴에 얼마의 시간을 할 애할 수 있는지에 따라 취사선택할 수 있다. 가령 음악을 좋아 하는 사람은 음악을 활용하면 되고, 아로마테라피가 좋은 사 람은 향기를 이용하면 된다. 모든 방법을 실천할 필요는 없으 므로 여러 가지 시도를 해보고 자신에게 맞는 방법을 찾아서 활용하자.

이런 방법들을 실천하다 보면 언젠가 **스스로 확실히 집중 상태에 들어가는 요령을 파악하는 날이 찾아온다.** 집중하는 요령을 파악하면 자신이 본래 지닌 집중력을 업무나 공부를 하는 데 유감없이 발휘할 수 있다. 중요한 것은 한두 번 해보고 나서 효과가 없다고 곧바로 포기하지 않는 것이다. 집중력을 기 르는 일은 하루아침에 이루어지지 않는다. 지속적으로 반복하 면서 생각이 아니라 몸이 기억할 수 있도록 만들어야 한다.

집중을 하기 위해서는 먼저 바른 자세를 취해야 한다. 자세 가 바르게 되면 자연스럽게 호흡도 바르게 된다. 호흡은 뇌의 과열을 막아 주고 산소를 공급하는 아주 중요한 활동이다.

그다음으로는 시선 집중이 관건이다. 흔들리지 않고 고정된 시선과 초점은 집중력이 높은 사람들의 공통된 특징이다.

시선 집중을 위한 최고의 방법은 집중력 카드를 사용하는 것이다. 다이아몬드에 시선을 집중한 뒤에 눈 속에 잔상이 얼마나 남는지 생각해 보자. 당장 손 안에 집중력 카드가 없다고 해도 문제될 건 없다. 다른 초점을 찾으면 된다. 내 손 위의 점하나도 괜찮고 종이 위에 점을 찍어서 사용해도 상관없다.

테니스 공 두 개 쌓기를 시도해 볼 수도 있고 눈을 감고 소리 찾기를 할 수도 있다. 약간 진한 아로마 향을 이용한다거나 틀린 그림 찾기를 한 뒤에 업무나 공부를 시작하는 것도 좋은 방법이다.

이렇게 루틴을 이용해 집중을 시작했다면 이제는 얼마나 그 집중 시간을 지속시킬 수 있는가 하는 문제가 남는다. 다음 장에서는 집중력을 지속시키는 방법에 대해 생각해 보기로 하자.

제 4 장

집중의 시간을 늘려라

집중력을 지속시키는 사소한 습관

집중력은 하루아침에 좋아지지 않는다. 그리고 그날그날 컨디션에 따라 달라지기도 한다. 아무리 뛰어난 선수라도 경기마다 최상의 실력을 보일 수는 없다. 그날의 몸 상태, 마음 상태에 따라 경기 결과는 매번 달라진다. 일반인들도 마찬가지다. 사람마다 그날의 기분이나 건강 상태에 따라 집중력의 깊이는 달라질 수밖에 없다.

매일의 몸 상태와 건강 상태를 우리가 완벽하게 좌지우지할 수는 없지만 작은 습관을 통해서 집중력을 강화할 수는 있다.

그리고 성적이나 성과를 높이기 위해 **매일 습관적으로 실행하면 좋을 집중력 강화법은 물론 집중하는 데 필요한 환경을 만드는 방법**도 존재한다. 이것을 잘 사용하면 예전보다 오랜 시간 동안 집중력을 유지하는 것도 가능해진다.

순간적으로 집중했다고 해도 그 집중력이 길게 유지되지 못한다면 당연히 만족스러운 결과를 거두기는 어렵다. 책상 앞에 앉아 곧바로 집중하는 기술을 익혔다면 그다음은 집중력의 지속 시간을 늘릴 수 있도록 해야 한다.

집중력을 지속시키는 방법 역시 여러 가지가 있다. 집중을 위한 루틴과 마찬가지로 집중력을 지속시키는 것 역시 사소한 습관들로도 가능하다. 예를 들어 밥 먹을 때 처음 몇 알은 밥알을 세 가면서 먹거나, 지금 내가 하는 행동을 또 다른 나에게 생생하게 중계 방송한다고 생각하며 동작을 하는 것도 집중력 연장에 도움이 된다. 15분 정도 짧게 낮잠을 자는 것 역시 집중 시간을 늘리는 좋은 방법이다.

지금부터 이외에 몇 가지 방법을 더 소개하려고 한다. 각자 자신에게 맞는 것, 혹은 마음에 드는 방법을 골라서 사용해 볼 것을 권한다.

밥알을 세면서
먹어 보자

"밥을 먹을 때 밥알을 세면서 먹어 보세요."

이렇게 말하면 다들 뜨악한 표정을 짓는다.

'그게 말이나 되는 소리인가?', '그게 과연 가능한가?', '그게 도대체 집중력에 무슨 도움이 된다는 건가?'라는 의미의 표정들이다.

그러면 나는 뒤이어 이렇게 말한다.

"의심하지 말고 일단 한번 해보세요."

밥알을 세면서 먹는 것은 미각을 이용한 집중력 강화법이다. 우리가 평상시에 밥을 어떻게 먹는지 한번 생각해 보자. 젓가락이나 숟가락으로 밥 한 덩어리 푹 떠서 입안에 집어넣지 않는가? 대부분의 사람들이 이렇게 밥을 먹을 것이다. 하지만 집중력 강화라는 관점에서 내가 어떻게 먹는지를 인식하기 위해서는 먹는 법을 조금 바꿔야 한다. 즉, 밥을 한 톨씩 먹는 것이다.

"밥을 한 톨씩이요? 그러면 밥을 다 먹는 데 몇 시간 걸릴지 모르잖아요."

밥 한 그릇을 전부 그렇게 먹는 게 아니다. **처음 다섯 톨만 그렇게 먹는 것이다.** 맨 처음 밥을 먹을 때 밥알을 하나씩 젓가락으로 집어서 맛을 음미하면서 먹어 보자.

일반적으로 우리는 밥을 먹을 때 텔레비전을 보거나 내일 할 일을 생각하는 등 먹는 일에 별로 집중하지 않는다. 나도 학생 시절이나 회사원 시절에는 밥을 인식하며 먹는다는 생각 자체를 하지 못했다. 특히 일요일 저녁에는 내일 학교 갈 생각이나 회사 일에 정신이 팔려 불안하고 싫은 기분을 떨쳐 버리지 못했다. 내일 일을 끙끙거리며 생각하기보다 지금 눈앞에 놓인 밥을 먹는 일이 내일을 위한 최고의 준비임을 알고 있어도 말이다.

그런데 앞에 놓인 밥을 한 톨씩 먹으면 자연스럽게 그것에 집중하게 된다. '밥알에 이런 단맛이 있구나', '이 쌀은 굉장히 찰기가 있네', '몇 번 씹지도 않았는데 그냥 넘어가네', '두 번째 밥알은 첫 번째보다 조금 큰 것이었구나'라는 식으로 이전에는 전혀 생각조차 하지 않았던 것들을 깨닫기도 한다. 그러다가 감각이 길러지면 '엇, 오늘 쌀은 느낌이 조금 다르네'라고 사소한 차이까지 느끼게 된다.

사실 이 방법은 미각뿐 아니라 그 외의 감각을 단련하는 방법이기도 하다. 가령 밥 한 톨을 집으려면 그곳에 먼저 시선을 집중해야 한다. 이렇게 시각을 강화할 수도 있고 밥 한 톨 한 톨을 젓가락으로 집기 위한 감각, 촉각도 필요해진다. 또한 밥 한 톨을 맛보려면 미각뿐 아니라 냄새, 즉 후각도 필요하다. 이처럼 밥 한 톨을 음미하면서 먹으면 미각뿐 아니라 시각, 촉각, 후각 등을 통합적으로 강화할 수 있다.

나는 숙식을 함께하는 형태의 기업 연수나 스포츠 팀의 합숙 프로그램을 진행할 경우 이렇게 밥을 한 톨씩 먹는 행사를 포함시킨다. 그것도 매 끼마다 하도록 한다. 사실 그렇게 먹는 데는 1분도 채 걸리지 않는다. 그러나 이런 아주 작은, 반복적인 습관을 통해서 자신이 집중력을 강화한다는 것을 새삼스레 인식하고 행동할 수 있다. 집중력의 지속 시간을 늘리기 위해서는 이런 식으로 일상생활의 일부에 훈련을 함께 넣어서 습관적으로 하는 것이 중요하다. 이 동작은 하루 세 번의 식사 시간마다 할 수 있으므로 자연스레 감각을 한 지점에 모으는 힘을 기르는데 도움이 된다.

오감을 단련하면 단련할수록 통합적인 집중력이 높아진다. 식사할 때 밥알을 세면서 먹는 습관을 매일 시도해 보자.

눈을 빨리 움직이면
두뇌 회전도 빨라진다

우리가 쉽게 할 수 있는 집중력 강화 방법 중에는 눈 운동이 있다. 앞에서 양쪽 엄지손가락을 이용한 눈 운동법을 소개했었다. 이제는 그 방법을 응용해서 안구를 움직이는 속도를 올리는 훈련이다.

앞서서 테니스 공을 두 개 쌓는 훈련을 설명할 때 1분 동안 다섯 번 쌓아 보라고 했다. 짧은 시간에 다섯 번이나 반복하는 까닭에는 두뇌 회전을 빠르게 하려는 목적도 있다. 경험상 두뇌 회전이 빠른 사람일수록 집중 상태에 들어가기까지 시간이 짧고, 더욱 깊이 있게 집중하는 모습을 보였다.

지금부터 소개하는 안구 운동 속도 높이기 훈련도 두뇌 회전을 빠르게 하고 집중력을 높이는 연습이다. 인간은 정보 처리의 약 80퍼센트를 눈으로 하고 있으므로 눈의 움직임을 빠르게 하면 정보 처리 속도가 높아져 두뇌 회전도 빨라질 수 있다. 이것은 책상에서도 간단히 실천할 수 있는 훈련이므로 앞에서 소개했던 눈 운동과 마찬가지로 매일 하는 습관을 들이자.

그러면 어떻게 하는지 구체적인 방법을 보자. 우선 **양손의 엄지손가락을 세우고 양팔을 들어 눈앞에 둔다. 왼손의 엄지손가락은 왼쪽 눈앞, 오른손 엄지손가락은 오른쪽 눈앞에 둔다.** 오른손과 왼손의 간격은 사람에 따라 다르지만 대개 30센티미터 정도로 두면 된다. 양손의 엄지손가락을 두 눈 앞에 두었다면 다음은 두 눈의 초점을 먼저 오른쪽 엄지손가락에 맞추어 보자. 그 다음에는 **왼손의 엄지손가락에 두 눈의 초점을 맞춘다.** 이 작업을 왕복으로 5~10번 정도 반복해서 실시한다.

이때 주의할 점은 얼굴은 고정하고 절대 움직이지 않는 것이다. 얼굴을 좌우로 움직이면 눈 운동이 되지 않는다. 이 연습의 주안점은 안구를 움직이고 그 속도를 올리는 데 있으므로 먼저 얼굴을 고정하자. 그리고 확실히 안구가 움직이고 있음을 실감하면서 연습하기 바란다.

그다음은 **상하로 두 눈의 초점을 움직이는 훈련**이다. 앞에 서와 마찬가지로 양손의 엄지손가락을 세우고 이번에는 엄지 손가락을 수평으로 두고 오른손을 위에, 왼손을 약 30센티미 터 아래에 놓는다. 이때 오른손의 엄지손가락은 왼쪽을 향하고 왼손의 엄지손가락은 오른쪽을 향하게 하자. 그리고 먼저 두 눈의 초점을 위의 오른손 엄지손가락에 맞추고 다음으로 아 래의 왼손 엄지손가락에 두 눈의 초점을 맞춘다. 이렇게 왕복 5~10번 정도 반복해서 실시한다.

마지막으로 **앞뒤로 두 눈의 초점을 움직이는 훈련**이다. 양 손의 엄지손가락을 세운 후 오른손은 쭉 뻗고(대략 몸에서 40센 티미터 정도 앞에), 왼손은 눈앞에서 10센티미터의 지점에 고정한 다. 다음으로 두 눈의 초점을 일단 오른쪽 엄지손가락에 맞췄 다가 왼손 엄지손가락에 맞춘다. 이 작업을 왕복 5~10번 정도 반복해서 실시한다.

앞뒤로 초점을 맞추는 작업은 컴퓨터 화면이나 책 속 글자 에 초점을 맞추기 어려워진 사람에게 추천한다. 또한 이 방법 은 야구에서 타자가 타격을 할 때 자기 앞으로 날아오는 투수 의 공에 초점을 맞추는 데도 도움이 된다. 내가 야구팀을 지도

할 때 타격 강화를 위한 일환으로 적극 추천하는 방법이기도 하다.

　이렇게 좌우, 상하, 앞뒤로 안구를 움직이는 속도를 높이는 연습은 두뇌 회전을 빠르게 하고 집중력을 높이는 데 큰 도움이 된다. 또한 이런 반복 연습을 통해 자연히 주변을 파악하는 시야가 넓어진다. 한 프랜차이즈 기업의 대표는 이 훈련을 통해 매장 직원들이 고객의 존재를 더욱 잘 파악하게 되었다는 얘기를 해 주었다.

자신의 행동을
생중계하라

초보 운전자들의 특징 가운데 하나는 **시야가 좁다**는 것이다. 운전에 익숙하지 않으면 긴장하게 되고 그 탓에 시야가 좁아져 앞만 보게 된다. 이 상태에서는 옆 골목에서 사람이나 자전거가 갑자기 나왔을 때 그 모습이 눈에 들어오지 않을 수도 있다. 그런 돌발 상황에 대처하지 못하면 사고를 일으킬 가능성이 커진다.

이에 비해 운전에 능숙한 사람은 앞을 보면서도 전체를 넓게 바라본다. 그렇기 때문에 골목에서 급하게 어린이가 뛰어나

오는 상황에서도 좀 더 유연하게 대처하여 사고 가능성이 적다. 이처럼 같은 집중 상태라도 편안하지 못하고 시야가 좁아져 있다면 바람직한 집중 상태라고 할 수 없다.

그러면 운전이 능숙한 사람처럼 전체를 넓게 보면서 눈앞에 집중하려면 어떻게 해야 할까? 앞에서는 시야를 넓히는 방법으로 눈 운동을 소개했는데, 여기에서는 **시점을 바꾼다는 측면에서 시야를 넓혀서 집중할 수 있는 방법**을 소개하겠다.

예를 들어 뛰어난 축구선수는 자신이 뛰고 있는 경기를 선수 차원에서만 보는 것이 아니라 감독이나 코치의 시선으로도 바라볼 수 있다. 게다가 공중에서 경기장을 내려다보는 것처럼 전체를 넓게 바라보는 능력도 지니고 있다.

"아하, 그럼 항상 공중에서 경기 전체를 내려다본다는 느낌으로 축구를 하면 되겠네요."

이렇게 말할 수도 있다. 맞는 말이다. 그렇게만 하면 된다. 그런데 그것을 실행하기란 절대 쉽지 않은 일이다. 실제로 이런 시점을 유지하면서 축구를 할 수 있는 사람은 세계적인 선수 중에도 극히 일부에 불과하다. 그렇다면 일반인이 이런 시점을 지니려면 어떻게 해야 할까?

처음 시작하면서 꼭 해야 할 것은 **습관적으로 자신의 행동**

을 **생중계하는 일이다.** 책상에서 작업할 때 '나는 지금 집중해서 기획서 작성을 하고 있습니다'라는 식으로 자신의 행동을 마음속으로 생중계해 보자. 그렇게 하면 자신을 객관적으로 볼 수 있다.

자신을 객관적으로 보는 일은 바꿔 말하자면 **자신 이외에 또 하나의 시점이 생기는 일이다.** 이것이 익숙해지면 내 머리 위에서 나를 바라보는 듯한 이미지를 떠올릴 수 있다. 시야를 넓히고 동시에 집중 상태를 유지하려면 눈 운동뿐 아니라 자신의 행동을 생중계하는 습관도 생활 속에 도입해 보자.

나는 작년부터 30분짜리 라디오 프로그램을 하나 진행하고 있다. 방송 프로그램을 진행할 때는 항상 아래와 같은 초 단위의 타임 스케줄을 의식하면서 이야기에 집중해야 한다.

'○○분 ○○초까지 시작 인사'

'○○분 ○○초까지 게스트와 대화'

'○○분 ○○초까지 오늘의 한 곡'

'○○분 ○○초까지 정리'

라디오 진행을 할 때 내가 지금 무엇을 하는지 생중계하듯

생각하는 훈련은 진행에 집중하면서 전체 시간과 상황을 조망하는 효과를 낳았다. 라디오 진행은 내가 현재 무슨 일을 어떻게 하고 있는지 인식할 수 있는, 시야가 전체로 넓어지는 집중력 훈련이었던 셈이다. 이렇듯 자신의 행동을 생중계하는 마음으로 자신이 지금 하는 일을 생각해 보면 집중력을 높이는 데 도움이 된다.

상대방의 한쪽 눈을 보며 이야기하라

다른 사람과 함께 있을 때 활용하기 좋은 집중력 훈련법이 있다. 옆 자리의 동료와 이야기할 때나 외부에서 거래처의 영업자를 만나서 이야기를 나눌 때 상대의 어디를 보고 이야기하는가? 눈? 아니면 막연히 얼굴 전체를 보는가?

어린 시절 부모님이나 선생님은 종종 "상대의 눈을 보고 이야기해라."라고 말씀하시곤 했다. 그런데 대체 상대의 눈 어디를 봐야 하는 걸까? 사람의 눈은 두 개다. 우리는 두 개의 대상에 한꺼번에 초점을 맞추기가 굉장히 어렵다. 그래서 상대의 두 눈에 모두 초점을 맞추면서 이야기할 수는 없다. 또한 그렇게 하려다 보면 상대의 안색을 살피게 되어 아무래도 하고 싶은 말을 하지 못하게 되는 단점도 생긴다. 이런 문제를 극복하려면 어떻게 해야 할까?

이전에 나는 외국계 제약회사의 MR(Medical Representative, 제약영업자)들을 대상으로 연수를 한 적이 있다. 그들이 정보를 제공하는 사람들은 대부분 지위가 높은 대학병원의 의사들이다. 그래서인지 MR들은 이런 이야기를 많이 했다.

"아무래도 상대가 지위 높은 선생님이라서 그런지 자꾸 긴장이 돼서 제대로 이야기를 못 하겠더라고요."

"그렇군요. 그런데 상대의 어디를 보고 이야기를 하시나요?"

"글쎄요. 긴장하고 있어서 잘 기억나지 않는데요."

일반적으로 사람과 이야기할 때는 눈의 웃는 모습, 입꼬리의 움직임 등 상대의 표정을 보고 이야기하게 된다. 이때 지위가 높은 사람이나 처음 만난 사람, 무서운 상사라면 표정이 굳어 있는 경우가 많아 아무래도 위축되어 생각한 바를 쉽게 입 밖으로 꺼내지 못하는 상황에 빠진다.

그래서 나는 **상대의 한쪽 눈을 보고 이야기하기**를 권한다. 처음에는 한쪽 눈만을 보는 일이 어색할 수도 있지만, 자주 해서 익숙해지면 이런 방법의 장점을 공감할 수 있게 된다. 한쪽 눈에만 집중하는 습관을 들이면 초점을 맞추기가 훨씬 쉬워지기 때문이다. 결과적으로 상대와 이야기하는 일에 더욱 집중할 수 있다.

이 방법을 MR들에게 알려 줬더니 효과는 즉각적이었다. 나중에는 이런 연락도 받았다.

"전혀 긴장하지 않고 하고 싶은 말을 잘 전달하고 있어요."

그들은 이후로 영업 실적이 부쩍 올라가고 있다고 했다. 이 방법은 영업상의 거래처뿐만 아니라 다양한 상황에서 사용할 수 있다.

좋아하는 사람 앞에서 이야기할 때, 면접을 보러 갔을 때, 중요한 프레젠테이션을 해야 할 때처럼 다양한 상황에서 이 방법을 실천해 보자. 상대와 이야기하는 데 집중할 수 있으며, 집중력을 강화하는 훌륭한 훈련이 된다.

아침 운동으로
몸과 머리를 상쾌하게

건강 상태가 집중력을 향상시키는 데 도움이 될까? 그 대답은 '당연히 된다'이다. 나는 매일 아침 조깅을 한다. 목적은 두 가지다. 하나는 **체력 강화를 위해**, 다른 하나는 **집중력 강화를 위해서다**. 어째서 조깅이 집중력 강화에 효과가 있을까?

혹시 필립 마페톤Philip Maffetone 박사가 제창한 마페톤 이론을 알고 있는가? 이는 유산소 운동을 중심으로 한 이론으로, 마라톤과 트라이애슬론에서 지구력을 강화하는 방법으로 주목을 받았다. 이 이론은 간단히 말하자면 몸에 부담을 주지 않을 정도의 운동량을 통해 유산소 능력을 향상시키는 것이다. 숨을 헐떡거릴 정도까지 운동을 하는 것이 아니라 자신에게 맞는 수준의 심박수를 찾아 그에 맞게 운동하라고 마페톤 박사는 권유한다.

마페톤 이론에 따르면 170~180에서 자신의 나이를 뺀 숫자+α가 운동하기에 적절한 심박수이다(여기서 'α'는 운동하는 사람의 상태에 따라 달라진다). 가령 자신이 20세라면 150~160 전후, 30세라면 140~150 전후, 40세라면 130~140 전후가 알맞은 심장 박동수가 된다. 이렇게 운동을 하면 몸에는 어떤 일이 생길까?

먼저 효율적으로 전신에 산소가 공급되므로 뇌의 움직임이 활발해진다. 이것은 그대로 집중력에 직결된다. 그뿐만 아니라 심폐 기능이 향상되고 기초 체력이 붙는다. **기초 체력의 강화는 집중력을 향상시키는 데 큰 도움이 된다.**

최근 사회인들이나 학생들을 보면 자세가 바르지 못한 데다가 체력도 약한 사람들이 생각보다 많다. 앉아 있는데도 금방 "피곤해."라며 집중력을 길게 지속시키지 못한다. 집중력을 유지하기 위해서는 기초 체력이 필수다. 운동은 피의 흐름을 개선하여 뇌를 활성화할 뿐 아니라 체력을 강화시켜 준다. 즉, 운동하는 습관은 집중력 강화라는 관점에서 보면 일석이조의 효과가 있는 방법이다.

그렇다면 운동은 언제 해야 좋을까? 기본적으로 언제 해도 상관없지만 가장 효율적인 시간은 아침이다. 업무를 하기 전에 혈류를 좋게 하여 뇌 기능을 활발하게 한 다음 업무를 시작할 수 있기 때문이다. 운동 후 샤워를 하면 편안한 상태가 되는 효과도 얻을 수 있어 유쾌한 기분으로 출근할 수 있다. 이런 습관은 집중력 강화에 매우 효과적이다.

운동 경험이 다양한 사람일수록 강도 높은 운동을 하려는 경향이 있다. 하지만 집중력 강화라는 관점에서 말하자면 숨이 차오를 정도로 운동할 필요는 없다. 에어로빅, 조깅, 워킹 등을 하루 20~30분 정도 하면 충분하다.

최근에는 달리면서 심장 박동수를 측정하는 시계형 기기도 있으니 자신의 나이에 맞는 심장 박동수를 확인하면서 이용해 보자. 이렇게 운동 습관을 자신의 생활 속에 도입하면 집중력을 향상시키는 데 도움이 될 것이다.

짧은 낮잠의
특별한 효과

　집중력을 지속하는 또 다른 간단한 방법이 있다. 바로 짧은 휴식이다. 사람은 24시간 내내 집중하고 있을 수 없다. 만약 그런 사람이 있다면 정신병에 걸릴지도 모를 일이다. 뇌가 계속 과부하 상태에 놓인다는 말이기 때문이다. 일정 시간 집중을 했다면 반드시 휴식을 취해야 한다. 즉, 집중하는 것은 매우 중요하지만 동시에 **언제 쉴지 미리 생각해 두는 일도 그만큼 중요하다는** 뜻이다.

　그러면 어떤 방식으로 휴식을 취하면 좋을까? 나는 짧게 잠을 자는 습관을 추천한다. 최근에는 학교에서도 효율적으로 공부하기 위해 짧게 낮잠을 자는 방법을 도입하는 곳이 많아졌다. 다음은 2015년 12월 2일자 〈요미우리 신문〉에 게재된 '학교에서 자는 낮잠, 효과 만점'이라는 기사다. 간단하게 발췌해 보면 다음과 같다.

최근 낮잠을 자는 학교가 늘어나고 있다. 11월 17일, 미야기 현 다이와초리쓰의 요시오카 초등학교를 방문해 보니 "전원을 꺼 주세요."라는 방송에 이어 모차르트의 음악이 흘러 나왔다.

오후 1시 10분, 낮잠 시간이 시작되었다. 어둑어둑한 교실에서 선생님도 아이들도 책상에 푹 엎드렸다. 새근새근 기분 좋은 숨소리를 내는 아이도 있었다. 15분 후 "낮잠 시간 끝입니다."라는 말과 함께 모두 활기차게 일어났다.

4학년인 야마노 가와코토는 "전에는 5교시쯤 졸음이 왔지만 지금은 그렇지 않아요."라고 했고, 우에다 나오야도 "집에 가기 전까지 굉장히 기운이 넘쳐요."라며 생기 넘치는 모습을 보였다.

이 학교는 작년 6월부터 낮잠 시간을 도입했다. 시작한 직후와

올해 1월에 5학년을 대상으로 설문조사를 한 결과 오후 수업 시간에 "졸음이 오지 않는다."라고 대답한 학생의 비율이 47퍼센트에서 55퍼센트로 증가했다.

한 달간 보건실을 이용한 학생 수도 낮잠을 시작하기 전인 작년 5월에는 115명이었던 것에 비해 올해 2월에는 31명까지 줄어들었다. 쓰노다 겐 교장 선생님은 "낮잠을 시작한 뒤 아이들 사이에서 문제나 싸움이 발생하는 일이 줄었어요. 단 15분이지만 효과가 매우 높습니다. 이런 습관이 저희 학교뿐만 아니라 다른 지역으로까지 더욱 확대되어 갔으면 좋겠습니다."라고 이야기했다. 현재 이 지역의 다른 초·중·고교에서도 낮잠 시간 도입을 추진하고 있다고 한다.

이 기사에서는 NHK 방송문화 연구소의 조사 결과도 함께 소개했는데, 현재 전체 일본인의 평균 수면 시간이 줄어들고 있다고 한다. 1960년 평균 수면 시간이 8시간 13분이었던 데 비해 2010년에는 7시간 14분이라는 것. 즉 최근 50년간 일본인의 평균 수면 시간이 약 한 시간 가까이 감소한 셈이다. 이 변화가 집중력에 영향을 주지 않았을 리 없다.

신문기사에 따르면 요시오카 초등학교의 낮잠 시간은 15분이었다. **집중력 향상을 위한 낮잠 시간으로는 15분이 가장 적당하다.** 그리고 그 이상으로 넘어가지 않는 편이 바람직하다. 그 까닭은 무엇일까? 조금 전문적인 이야기를 하자면 인간의 수면에는 렘수면REM sleep 과 논렘수면NREM sleep 두 가지가 있다. 간단히 말해서 렘수면은 얕은 수면이고, 논렘수면은 깊은 수면이다. 우리는 자는 동안에 꿈을 꾸는데 그것은 렘수면 시, 즉 얕은 수면을 취할 때 일어난다.

여기까지 이해했다면 잠깐 자는 잠이 15분을 넘어가서는 안 되는 이유도 알 수 있을 것이다. 15분 이상 잠을 자면 논렘수면, 즉 깊은 수면에 들어가기 때문이다. 예를 들어 낮잠으로 30분 정도 잠을 자면 깊은 수면에 들어가므로 일어나기가 오히려 괴로워진다. 잠깐 자는 잠은 일어났을 때 상쾌한 기분을 느끼는 데에 의미가 있다. 하지만 30분 이상 자면 상쾌함보다 나른함을 느낄 수 있으므로 역효과가 생긴다.

짧게 자는 잠은 하루 몇 번씩 취해도 상관없다는 것이 장점이다. 짧게 잠을 잔다고 하면 점심시간에 한 번 잠깐 자는 것을 생각하는데, 꼭 그럴 필요는 없다. 오전이라도 피곤이 쌓인다고 생각하면 책상 앞에서 짧게 잠을 잔다거나 하루 몇 번 정해진 시간에 잠을 잔다고 정해 놓고 자주 활용하는 것도 좋다.

유능한 비즈니스맨들 중에는 점심시간에 짧게 잠을 자는 사람이 많다고 한다. 식사 후에 잠시 눈을 붙이는 일은 누구라도 할 수 있다. 집중력을 지속하려면 이렇듯 휴식을 취하는 습관도 필요하다.

쓸데없는 정보는
막아 버려라

스스로 집중하기 위한 다양한 방법을 이용하는 것도 중요하지만, 집중하기 위한 환경을 만드는 것도 잊지 말아야 할 요소다. 사람의 감정은 회사나 집 안의 벽 색깔에도 영향을 받는다. 회사에 있을 때, 카페에 있을 때 마음가짐이 달라진다고 말하는 사람도 많다. 이렇듯 사람은 환경의 영향을 크게 받는 존재이므로 어떤 환경을 만드는지가 매우 중요하다. 그렇지만 집 안의 책상이 아니라 사무실 책상의 환경을 바꾸기란 그리 간단하지 않다. 애당초 사무실 책상은 내 것이 아니며 함께 일하는 다른 사람도 있으므로 마음대로 형태를 바꾸기가 쉽지 않다.

그럴 때 간단히 환경을 바꿀 수 있는 방법에는 어떤 것이 있을까? 내가 교육업체를 운영하며 아이들을 가르쳐 보니 산만한 아이는 눈의 초점이 한 곳에 집중되지 못하고 여기저기 분산되는 경향이 있음을 깨달았다. 그럴 때 나는 한 점에 집중하게 하는 방법으로 집중력 카드법을 이용했다. 그 외에도 아이의 시선이 이리저리 방황하지 않게 하기 위해서는 **책상에 칸막이를 치는 방법**이 있다. 우리가 시험 준비를 할 때 흔히 가는 독서실 책상을 떠올려 보면 바로 연상이 될 것이다.

나는 산만한 아이들의 집중력 향상을 위해 책상 하나하나를 파티션으로 구분해서 집중하기 쉬운 환경을 조성했다. 시선이 이리저리 방황하지 않도록 파티션으로 책상을 나누어 쓸데없는 정보가 들어오지 않도록 한 것이다.

사실 무언가에 잘 집중하지 못하면 사람들은 '나는 왜 이렇게 집중을 못 하지?', '왜 이것밖에 못 하는 것일까?'라고 자책하기 쉬운데, 그런 마음을 갖기 전에 먼저 자신이 놓인 환경을 의심해 보자. 나를 둘러싼 환경이 정말 내가 집중하는 데 어울리는 환경인지 고민해 보는 것이다.

"책상에 칸막이를 만들어 쓸데없는 정보가 들어오지 않게 하면 집중력이 높아질 수 있겠지요. 하지만 사무실에 자기 마음대로 칸막이를 만들 수는 없잖아요. 그런 경우에는 어떻게 해야 하나요?"

이럴 때는 두 가지 방법이 있다. 하나는 **책을 쌓아 올려서 의식상의 칸막이를 만드는 일이다.** 다른 하나는 **양손으로 좌우의 시야를 가려서 쓸데없는 정보가 들어오지 않도록 하면 된다.**

순서는 이렇다. 사무실에 칸막이를 만들 수 없다면 일단 책을 쌓아 올려서 가벽을 만들어 보자. 옆 책상이 눈에 들어오지 않을 정도의 높이까지 책을 쌓아 올릴 수 있다면 이상적이다. 만약 그렇게 하기 어렵다면 몇 권이라도 상관없으니 책을 쌓아 보자. 시선을 가릴 수는 없더라도 책을 쌓아 올려 심리상의 칸막이를 만들면 일정 정도의 효과를 얻을 수 있다.

혹은 단시간이라도 괜찮으니 양손으로 좌우의 시야를 가리고 쓸데없는 정보가 들어오지 않도록 해보는 것도 좋다. 경마의 세계에서는 경주마를 레이스에 집중하게 하려고 블링커 Blinker라고 불리는 곁눈 가리개를 씌워 시야를 좁게 하는데, 그것과 원리가 같다. 물론 양손으로 좌우의 시야를 가린 채 계속 일을 할 수는 없으므로 집중하고 싶거나 조금 기분을 바꾸고 싶을 때 조금씩 사용하는 것이 좋다.

　이런 행동을 습관적으로 하면 집중력을 높일 수 있다. 집중하려면 스스로 환경을 구축하는 것도 중요하므로 칸막이를 만드는 방법 역시 꼭 한번 실행해 보자.

일하는 중간중간 서서 일해 보라

집중력을 높이는 업무 기술도 있다. 책상에 앉은 채 업무를 지속하면 사망률이 높아진다는 사실을 알고 있는가? 미국에서 14년간 약 12만 명의 남녀를 조사한 연구 결과에 따르면, 일상적으로 운동을 하는 사람이라고 해도 하루에 여섯 시간 이상 앉아 있는 생활을 지속하면 세 시간 동안 앉아 있는 사람보다 15년 이내에 사망할 확률이 40퍼센트나 증가한다고 한다. 또한 책상 업무를 중심으로 하는 사람은 서서 일하는 사람에 비해 심장병에 걸릴 확률도 두 배나 더 높다고 한다.

사무직 근로자의 기본 업무 시간은 하루 여덟 시간, 특별하지 않다면 보통 하루 평균 여섯 시간 이상 앉아서 근무하는 셈이다. 책상 앞에 앉아 컴퓨터를 바라보고 하는 일은 목, 어깨, 척추 등에 무리가 간다. 이런 문제를 어떻게 해결해야 할까?

바로 앉아서 일하는 중간중간 서서 일하는 것이다. 미국의 실리콘 밸리를 비롯해 첨단 기업에서는 현재 '스탠딩 데스크'Standing desk라고 불리는 높이 조절 책상을 많이 사용하고 있다고 한다. 서서 일을 하면 앉아서 일할 때보다 척추에 무리가 덜 가는 것은 물론 집중력도 높이는 효과가 있다.

왜 서서 일하면 집중력이 더 높아질까? 그것은 자세와 발바닥과 밀접한 관계가 있다. 먼저 자세를 보자. 앉아서 업무를 하면 자연히 몸이 앞으로 쏠리며 등이 굽어진다. **서서 일을 하면 자연히 척추가 펴지는 효과가 있다.** 자세가 바르면 코로 숨을 쉬게 되어 집중력이 더욱 높아진다는 것은 앞에서도 설명했다. 척추가 곧게 되면 코로 제대로 숨을 쉴 수 있기 때문에 뇌에 산소가 더 많이 공급될 수 있다.

또한 서 있으면 발바닥이 자극된다. 발 마사지를 할 때 지압을 하는 것처럼 서 있으면 발바닥이 자극되어 뇌를 활성화하는 데 도움이 된다. 뇌가 활성화되면 자연스레 두뇌 회전이 빨라져 눈앞의 과제에 더욱 집중할 수 있다.

　최근에는 서서 먹는 음식점도 생기고 있는데, 이것도 사실 집중력과 관계가 있다. 서서 음식을 먹으면 무의식적으로 '앞에 놓인 접시를 빨리 해치우자'라고 집중하게 된다. 결과적으로 손님 회전율이 높아지므로 가게 입장에서는 이익을 보는 셈이다.

　여러 사람이 함께 일하는 사무실에서 내 책상만 따로 스탠딩 데스크를 두긴 어렵다. 그러나 일하는 도중 잠시 서서 업무를 보거나 회의실에 서서 서류를 읽는 등의 방법을 사용할 수는 있다. 자신의 상황에 맞는 갖가지 방법으로 이러한 집중력 기술을 활용해 보자.

할 일을 작은 단위로 쪼개서 하라

커다란 목표를 세워도 현재에 집중하지 못하면 성과를 얻을 수 없다. 그래서 나는 목표를 설정하기보다 눈앞의 과제를 처리하는 것을 더 중요하게 생각한다. 먼 곳의 목표를 바라보기보다 현재 내 눈앞에 있는 작은 일에 집중하는 것, 그것이 원하는 것을 얻을 수 있는 중요한 방법 중 하나다.

초등학교 1학년과 2학년인 내 두 딸아이에게 아침밥을 먹여서 학교에 보내는 것은 만만한 일이 아니다.

"얘들아, 밥 먹으렴."

"싫어. 안 먹을래."

"그러지 말고 먹어야지!"

"싫어!"

아이들은 좀처럼 밥을 먹으려고 하지 않았는데 문득 집안 한쪽 구석에 놓여 있던 타코야키 기계가 눈에 들어왔다.

'이걸 이용하면 밥을 더 쉽게 먹일 수 있을지도 몰라.'

나는 타코야키 기계에 밥을 담아 한 입 크기로 만들어 아이들에게 내밀었다.

그러자 아이들은 뺨이 터지도록 밥을 입에 집어넣기 시작했다. 내가 "이제 더 먹지 않아도 돼."라고 말할 정도였다. 밥 공기에 밥을 담아 줄 때는 아무리 타일러도 먹지 않더니, 타코야키 기계를 이용해 한 입 크기로 작게 만드니 밥을 먹은 것이다. 일단 한 입을 먹어 보면 더 먹고 싶어지기 마련이다. 그렇게 덮밥 한 그릇만큼의 밥을 남김없이 아이들에게 먹일 수 있었다.

사실 이 원리는 우리가 공부나 일에 집중할 때도 응용할 수 있다. 가령 법무사 시험에 합격하고 싶다고 하자. 밥 한 공기를 단숨에 먹어치울 수 없는 것과 마찬가지로 갑자기 법무사가 될 수는 없다. 밥을 다 먹으려면 눈앞의 밥에 집중해서 한 입씩 정성껏 먹어야 한다. 마찬가지로 법무사가 되고 싶다는 꿈을 이

루려면 그 목표를 한 입씩 작게 나누어 매일 하는 과제로 구현해야 한다. 그리고 그 과제를 집중해서 하나씩 해 나간다면 결과적으로 법무사가 되는 커다란 결실을 얻을 수 있다.

목표를 세워야 열심히 하는 사람이 있는 반면 목표를 세워도 제대로 달성하지 못하는 사람도 있다. 현재가 소중하다는 가치관을 지닌 사람, 자제력이 부족한 사람은 목표를 세우면 오히려 집중력이 떨어진다. 나는 그런 사람들 중 하나였다. 목표를 세우는 일 자체가 나쁘다는 것은 아니다. 다만 목표를 의식해서 집중하는 것보다 현재 해야 할 작은 일들에 집중하는 것이 성과면에서 더 좋다는 뜻이다.

집중력은 타고나는 것이 아니라 훈련으로 길러질 수 있다. 집중력 훈련을 위해 꼭 기억해야 할 것은 한 번에 한 가지 일만 하는 것이다. 해야 할 여러 가지 일들이 있으면 업무를 진행할 때 방해를 받기 마련이다. 그래서 해야 할 일을 작게 쪼개 그 일에만 집중하도록 만들어야 한다.

영업 실적을 올리고 싶다면 첫째, 거래처에 전화를 돌린다, 둘째, 신제품의 홍보책자를 만든다, 셋째, 경쟁사 제품과 우리 제품을 비교해 그 차이를 좀더 명확하게 구분한다…… 등 지금 당장 해야 할 여러 가지 일들이 있다. 그 모든 일을 동시에 하려고 하면 뒤죽박죽 섞이기 마련이다. 이때는 가장 먼저 해야 할 작은 일을 정하고 그 일을 집중해서 다 처리한 후, 그 다음에 해야 할 일로 넘어가는 식으로 업무를 처리해야 한다.

눈앞의 과제에 집중하는 가장 좋은 방법은 일을 작은 단위로 쪼개서 하는 것이다. 집중력을 기르고 싶다면 이 점을 잊지 말아야 한다.

◇

앞으로의 시대, 집중력이 관건이다!

미즈노에서 '상어 피부 수영복' 이후 세계 최고 선수들을 위한 새로운 경기복을 개발하던 중 나에게 엄청난 시련이 닥쳤다. 아내가 초등학생이던 두 딸아이를 남기고 돌아오지 못할 사람이 되어 버린 것이다.

당시 미즈노의 업무는 출장이 잦았기 때문에 혼자 아이들을 키우면서 샐러리맨 생활을 지속하기는 어렵겠다고 판단했다. 결국 나는 퇴사를 결심하고 내 사업을 시작했다. 그것이 바로 교육업체를 운영하는 일이었다.

하지만 막상 아이들을 데리고 수업을 해보니 참으로 당황스러운 상황이 펼쳐졌다.

'음, 이거 곤란한데. 어떡하지?'

아이들과 수업한 첫날 들었던 생각이다. 이날의 수업은 내가 그려 왔던 이미지와는 정반대였다. 아이들은 수업에 잘 집중하지 못했다. 바른 자세를 유지하지 못하고 책상에 엎드리는 학생이 있는가 하면 칠판을 보고 있어도 생각은 딴데 가 있는 학생도 꽤 있었다.

성적을 올려 보겠다고 학원에 왔다지만 막상 모인 아이들은 공부 의욕과는 거리가 멀어 보였다. 성적이 나쁜 아이, 등원을 거부하는 아이, 아무것도 할 마음이 없는 아이들도 있었다. 테스트를 해보니 100점 만점에 10점밖에 얻지 못한 아이도 수두룩했다. 난감했다.

그런 아이들을 상대로 수업이 제대로 이뤄질 리가 없었다. 학교에서 부족한 공부를 보충하기 위해 학원에 다니는데 눈앞의 과제에 집중하지 못하는 아이들이 태반이었다. 책상에 가만히 앉아 있게 하는 것조차 쉽지 않았다. 공부가 아니라 그 이전의 문제를 안고 있는 아이들에게 대체 무엇을 가르쳐야 할지 고민이 깊어졌다.

'어째서 집중하지 못하는 걸까?'

'이 아이들을 눈앞의 과제에 집중하게 하려면 도대체 어떻게 해야 할까?'

그때 불현듯 미즈노에서 일하던 시절이 떠올랐다. 스포츠 용품 개발자로 일하면서 만났던 세계 최고의 선수들은 각자 자신의 분야에서 최고의 집중력을 보이곤 했다. 그들의 몰입하는 능력은 타의추종을 불허했다. 그들을 만나면서 나는 무언가에 무섭게 몰두하는 힘, 집중하는 요령을 배울 수 있었다.

'아, 아이들에게도 그런 집중의 기술을 가르쳐야겠구나.'

공부를 해서 성적을 올리기 위해서는 일단 집중력을 기르는 것이 순서라는 생각이 들었다. 집중만 제대로 할 수 있다면 성적을 끌어올리는 것은 별 문제가 아니었다.

'그런데 아이들에게 어떻게 집중력을 가르쳐야 할까?'

집중력을 기르는 방법을 어떻게 전달할 것인지 고민하던 중 나는 우연히 한 교육업체가 주관하는 '스포츠 멘탈 트레이닝' 세미나에 참가하게 되었다. 그리고 그 세미나에 참가한 것이 내게 전기를 마련해 주었다.

'스포츠 멘탈 트레이닝' 세미나에서 집중력 훈련으로 내놓은 과제는 테니스 공 두 개를 쌓는 단순한 작업이었다. 테니스 공 위에 다른 테니스 공 하나를 올리는 것, 훈련은 단지 그뿐이었다. 집중력을 기르는 데 있어 매우 중요한 훈련이지만 머리가 좋은 사람일수록 거부 반응을 보이는 훈련이기도 하다.

"테니스 공은 동그란 원형인데 이것 두 개를 겹쳐서 쌓는다는 건 말이 안 돼."

머리가 좋은 사람일수록 이렇게 말하면서 진지하게 몰두하지 못한다. 사실 나도 그렇게 생각했던 사람 중 하나였다. '이런 일을 하는 게 무슨 의미가 있지?'라고 말이다.

그렇게 생각한 탓인지 세미나에 참석한 서른 명 정도의 사람 중에 마지막까지 공을 쌓지 못한 사람은 나 혼자뿐이었다.

'이렇게 간단한 일을 왜 못 하는 거지?'

그런 의문을 바탕으로 나는 집중력에 관해 연구하기 시작했다. 지금의 내 노하우가 만들어지기 시작한 지점이다.

다행히 나는 전 직장에서 집중력 훈련에 관한 다양한 경험을 한 터였다. 그런 경험을 토대로 스포츠 멘탈, 뇌과학, 마음챙김 등 다양한 내용들에 대해 배우기 시작했다. 그리고 미즈노에 다니던 시절에 알게 된 세계 최고 선수들의 집중법을 내 방식으로 체계화했다. 그렇게 개발한 집중의 기술을 내 교육업체에 활용했고, 그것은 입소문을 타고 번져 텔레비전과 라디오에 소개되었다. 이후 나는 '주식회사 집중력'을 차렸고 이제는 전국의 기업과 학교, 스포츠 팀 등에 집중력을 기르는 방법을 전파하고 있다. 그리고 10년 동안 전국에서 15만 명 이상의 사람들을 만났던 경험을 토대로 가장 많은 사람들이 알고 싶어 했던, 책상 앞에서 곧바로 집중하는 기술을 이 책에 정리했다.

많은 미래예측서에서 이야기하고 있지만 시간이 지날수록 우리가 접하는 정보량은 점점 더 많아지고 있다. 인공지능, 빅데이터 등의 발달로 살펴보고 통찰해야 하는 업무의 양도 늘었다. 예전에 비해 업무 부담은 가중되었고 그로 인한 스트레스도 점점 더 심해지고 있다.

기업 강연을 할 때마다 이런 현상이 더 심해지고 있음을 느낀다. 그러나 이는 단지 어른들만의 문제는 아니다. 수험생들을 위한 대규모 강연을 진행할 때도 같은 문제점을 느낀다. 시간은 부족하고 처리해야 할 정보는 많다. 아이들은 지금 당장 무엇을 어떻게 해야 할지 갈피를 잡지 못하며 방황하기도 한다.

앞으로 이런 문제는 더욱 심각해질 것이다. 따라서 스스로를 조절할 수 있는 집중력 관리는 점점 더 중요해질 것이다.

반복해서 말하지만, '집중력은 곧 강한 마음이 아니다.'

집중력이란 본래 누구나 지니고 있는 것이며, 이끌어 내는 방법만 알고 있으면 누구라도 간단히 할 수 있는 것이다. **집중력을 발휘하는 데 필요한 것은 마음을 단련하는 일이 아니라 집중력을 이끌어 내는 요령을 파악하는 일이다.**

또한 그 요령은 오랜 수련을 거쳐야 하는 복잡하고 심도 있는 것이 아니다. 누구나 간단히 이끌어 낼 수 있다. 요령만 파악하면 업무나 공부, 스포츠 등의 다양한 분야에서 주변 사람들을 놀라게 할 만큼 단기간에 압도적인 성과를 올릴 수 있다.

하루 중에 가장 많은 시간을 보내는 책상 앞에서 원활하게 집중 상태에 들어갈 수 있도록, 그리고 단시간에 성과를 내는 데 도움을 주고 싶어 이 책을 썼다. 책 내용 속에서 실천하기 쉬운 내용을 골라 효과를 체감한다면 저자로서 더할 나위 없이 기쁠 것이다. 특히 부록으로 넣은 집중력 카드는 매일 가지고 다니면서 책상 앞에서 집중하고 싶을 때 습관적으로 사용하자. 그렇게 높은 집중력을 이끌어 낸 뒤 지금 해야 할 일을 시작하기 바란다.

이 책을 읽고 당신도 당신 안에 내재된 잠재력을 십분 발휘해 원하는 것을 얻기를 진심으로 바란다.

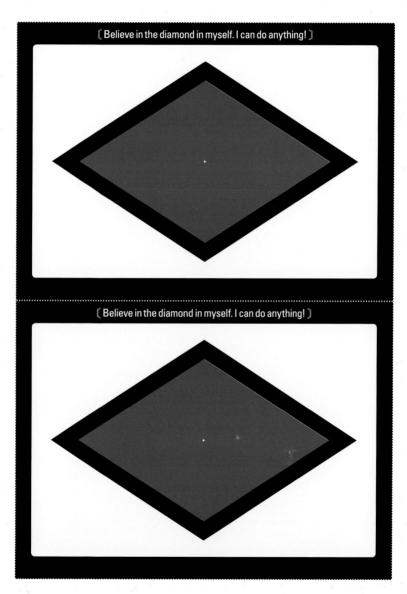

〖 Believe in the diamond in myself. I can do anything! 〗

〖 Believe in the diamond in myself. I can do anything! 〗

점선을 따라 자른 후, 집중력이 떨어질 때마다 사용하세요.

집중력 카드 사용법

① 코로 숨을 들이마시고(5초), 멈췄다가(3초), 입으로 천천히 내쉰다(8초). 이런 심호흡을 세 번 반복한다.
② 카드의 중심점을 20초 동안 바라본다.
③ 눈을 감는다.
④ 눈꺼풀 안쪽에 떠오른 잔상이 완전히 사라지면 눈을 뜬다.

'지금부터 해야 하는 일'을 시작한다.

주식회사 집중력 · 사단법인 일본집중력육성협회

상표등록번호 5660731호

집중력 카드 사용법

① 코로 숨을 들이마시고(5초), 멈췄다가(3초), 입으로 천천히 내쉰다(8초). 이런 심호흡을 세 번 반복한다.
② 카드의 중심점을 20초 동안 바라본다.
③ 눈을 감는다.
④ 눈꺼풀 안쪽에 떠오른 잔상이 완전히 사라지면 눈을 뜬다.

'지금부터 해야 하는 일'을 시작한다.

주식회사 집중력 · 사단법인 일본집중력육성협회

상표등록번호 5660731호